Nicole, der brutale Strafvollzugsgänger & die Polen

Katherina Jakobs

Bibliografische Informationen der Deutschen Nationalbibliothek:

Die Deutsche Nationalbibliothek verzeichnet diese Publikation in der Deutschen Nationalbibliographie. Detaillierte bibliographische Daten sind im Internet über http://dnb.dnb.de abrufbar.

Impressum

Katherina Jakobs, „Nicole, der brutale Strafvollzugsgänger & die Polen“
www.Jakobs-Verlag.de

Text: Katherina Jakobs und Nicole
Bildquellen: rangizzz / clipdealer.com, serrnovik / clipdealer.com, kagenmi / clipdealer.com

ISBN 978-3-946490-39-5

Nicole, der brutale Strafvollzugsgänger & die Polen

Katherina Jakobs

Inhalt

Liebe Leserinnen und liebe Leser,

ich bin die Autorin Katherina Jakobs und freue mich, zwei weitere wahre Geschichten von Nicole veröffentlichen zu dürfen!

Nicole, eine Frau, die am 5. Juli 1982 geboren wurde und eine Familie hat, die jede Möglichkeit nutzt, sie, die eigene Tochter und Schwester, hinter Gitter zu bringen. Diese Frau, die immer als das schwarze Schaf, das hässliche Entlein, die Zielscheibe Nummer eins auf der Feindesliste von Familie, Behörden und Justiz steht, schrieb ihre Lebensgeschichte auf, traute sich aber nicht, diese zu veröffentlichen. Zumal ihr unter anderem auch die Mittel dafür fehlten.

Ich lernte diese Frau kennen, hörte ihr zu, las alles, was sie geschrieben hatte, und schaute mir die dazugehörigen Papiere, Akten etc. an und kam zu dem Entschluss, dass ich ihr unter die Arme greifen und ihre Geschichte publik machen muss.

Im bereits erschienenen ersten Teil, dem Buch *„Nicole, wir hassen Dich!“*, erfahren Sie Episoden aus Nicoles wahrem Leben, die man nicht mal seinem ärgsten Feind wünschen würde. Doch es gibt noch viel mehr zu berichten, weshalb Nicole und ich Ihnen mit dem hier vorliegenden Buch zwei weitere entscheidende Teile ihres Lebens präsentieren möchten: die des brutalen Strafvollzugsgängers Rudi und die der

Polen Krzysztof und Adrian. Beide Geschichten machen mich fassungslos. So viel Grausamkeit und Gewalt ist mir in meinem ganzen Leben noch nicht begegnet.

Nicole ist nach allem, was sie erlebt hat, eine solche Frohnatur und Kämpferin, dass sie mir imponiert und mir in jedem Gespräch, das wir führen, die eindeutige Botschaft vermittelt: „Du musst um dein Recht kämpfen!"

Ob Nicole den Absprung von ihrer Familie schaffte, ob sie wirklich den Kontakt abbrach und wen sie im weiteren Verlauf ihres Lebens alles kennenlernte, das erfahren Sie, liebe Leserinnen und Leser, wenn Sie dranblieben und die Buchserie „Nicole ..." auch weiterhin lesen.

Albtraum Date

An einem sonnigen Nachmittag fuhr ich ganz gespannt die Strecke von guten siebzig Kilometern zu Anke und Jo, mit denen ich zum Kaffee verabredet war. Die beiden waren ein Pärchen, welches ich vor vielen Jahren zusammen mit Herrn Börgens im Swingerclub kennengelernt und nach einigen Jahren wiedergesehen hatte.

Als ich bei ihnen ankam, begrüßten sie mich herzlich.

Wir tranken Kaffee und unterhielten uns eine Weile, als es auf einmal an der Haustüre klingelte. Ich weiß nicht mehr, wer von den beiden öffnete, erinnere mich aber noch ganz genau, dass dann dieser Mann da war. Sie hatten ihm erzählt, dass sie Besuch bekommen würden, und er meinte mal schnell reinschauen zu müssen, um mich, den Besuch, zu begutachten. Er stellte sich mit dem Namen Rudi vor. Ruppig und uncharmant, das kann ich nicht anders sagen. Dieser Rudi musterte mich von oben bis unten – immer wieder! Ich kam mir vor wie auf einem Hurenbasar, nur dass er der einzige Kunde war. Echt wahr! Da kommt man sich als Frau richtig schäbig vor.

Dieser Mann saß nur kurz mit Anke, Jo und mir zusammen. Er berichtete von seinem Unfall, den er erst vor Kurzem gehabt habe, davon, dass er wieder in die Reha müsse, und von dem Theater, das sein Unfallgegner ihm bereite. Nebenbei trank er seinen Kaffee. Schon bald ging er wieder. Völlig merkwürdig. Später stellte sich heraus, dass nicht einmal Anke und Jo von seinem wahren Leben wussten. Für sie war er nichts weiter als ein Nachbar aus ihrem kleinen Dorf.

Rudi sagte mir nicht wirklich zu. Er war ein pummeliger Mann mit dunkelbraunen Haaren. Sein Wesen ließ darauf schließen, dass man jemanden wie ihn in seinem Leben nicht brauchte. Er strahlte die Botschaft „Vorsicht vor diesem Mann!“ regelrecht aus und kam wie ein Macho rüber, mit dummen, flockigen Sprüchen und total arrogant. Umso erleichterter war ich, als er wie von einer Wespe gestochen hin und her wackelte und endlich ging.

Als Rudi weg war, widmeten Anke, Jo und ich uns wieder unserem Treffen, tranken Kaffee und gingen später zum angenehmen Teil über. Während wir miteinander beschäftigt waren – schließlich waren wir zu einem erotischen Treffen verabredet –, klingelte es erneut an der Türe. Wieder war es Rudi. Na super, der hatte gerade noch gefehlt.

Kurz darauf saßen wir zu viert auf der Couch, redeten und spielten weiter. Da Jo es mochte, mich ausgiebig zu dehnen, und nie wirklich hart erregt war, wenn man ihn oral verwöhnte – was schon komisch war –, fingerte er mich und drang Stück für Stück in meine Lusthöhle vor. Rudi meinte, dass er es gerne mal mit eigenen Augen sehen würde, wie dehnbar eine Frau sei. Deshalb setzte er sich neben mich und bat mich, meinen Kopf auf seinen Schoß zu legen, was ich in dem Moment des Lustrausches auch tat. Doch schon bald merkte ich, dass es gar nicht so einfach war, in Stimmung zu bleiben, wenn ein Mann dabei war, auf den man keine Lust hatte. Rudi störte mich regelrecht und ließ in mir Hemmungen aufkommen, ebenso wie er meine Lust ausbremste. Er hielt und streichelte mich, während Jo mit seiner Hand zwischen meine Schenkel glitt, in mich eindrang und mich voll und ganz ausfüllte. Nachdem ich trotz Rudis Anwesenheit einige Male zum Höhepunkt gekommen war, bat ich um eine kleine Verschnaufpause. Kurz blickte ich zu ihm auf und bemerkte sein zufriedenes Lustgrinsen. Doch ich sah auch – wie aus dem Nichts – seine dunkelbraunen Rehaugen, und genau die zogen mich in ihren Bann. Rudis Blick war auf einmal so anders als noch kurz zuvor. Unbeschreiblich! Ich kam mir vor wie verzaubert. Warum auch immer hielt er meinen Kopf, und seine Lippen näherten sich meinen. Er presste sie auf meinen Mund und küsste mich. Ich wollte fliehen, dem Ganzen ausweichen, aber ich konnte nicht! Alles war von jetzt auf gleich so vertraut, so anders. Das sollte absolut nicht sein und hätte auch nicht passieren dürfen, aber in diesem Moment war es geschehen.

Leider hatte ich damals oft das Problem, dass ich nach gewissen Lustspielen wahnsinnige Schmerzen hatte, was mich oft darüber nachdenken ließ, sie bleiben zu lassen. Jedoch machten sie Spaß! So saß ich an dem Abend – und die Zeit verging wie im Fluge – mit fürchterlichen Unterleibsschmerzen neben Rudi. Ich konnte kaum noch laufen und wollte nur noch nach Hause.

Als wir uns alle voneinander verabschiedeten, ging auch Rudi mit hinaus, um sich auf den Heimweg zu machen. Auf dem Weg zum Auto brach ich aber vor Schmerzen fast zusammen, was Rudi gar nicht gefiel. Er stützte mich, nahm mir den Autoschlüssel ab und meinte: „Du fährst nicht mehr! Ich wohne da vorne, ich nehme dich jetzt mit und du bleibst bei mir!" Da ich mich wirklich schlecht fühlte, ging ich halt mit zu ihm. Was war schon dabei? Was sollte passieren? Notfalls geh ich einfach wieder, dachte ich mir.

In dieser Nacht unterhielten wir uns, lagen uns in den Armen und hatten drei Stunden, nachdem ich eine Schmerztablette eingenommen hatte, sogar noch ein klein wenig Spaß, den wir uns besser verkniffen hätten, denn die Schmerzen begannen wieder von vorn, ehe wir eng umschlungen einschliefen.

Rudi hatte eine sehr bescheiden eingerichtete Wohnung. Zwei Zimmer, ein Bad ohne Fenster, ein Schlafzimmer und ein Wohnzimmer, wenn man das so nennen wollte. Eine Küche sah ich dort nie.

Da er so karg eingerichtet war, sah er mir das Fragezeichen wohl an und berichtete mir, dass seine Frau ihn verlassen und bis zum Letzten auf Unterhalt verklagt habe. Ihm sei alles genommen worden, was ihm heilig sei, nicht mal seine Tochter dürfe er sehen. Die „Alte", wie er sie bezeichnete, wohnte ein paar Haustüren weiter. Er sei nur hierhergezogen, weil sie Alkoholikerin und drogenabhängig sei, und da galt es, seine Tochter im Auge zu behalten, da sie ein wenig behindert und zurückgeblieben sei.

Warum hätte ich an dieser Aussage zweifeln sollen? Ich kannte ihn ja nicht. Außerdem schien er sich Sorgen um die Kleine zu machen, was ich sehr gut nachvollziehen konnte. Nichts geht eben über die eigenen Kinder.

Wir lernten uns erst nach und nach kennen und sprachen auch viel über unser bisheriges Leben. So erfuhr Rudi von der Sache mit dem mir zur Last gelegten Fall der angeblichen Inszenierung im Vorjahr. Da wurde bei mir im Büro eingebrochen, mein Fahrzeug wurde beschädigt, ich wurde brutal überfallen und zuletzt von den Behörden als Täterin und nicht als Opfer hingestellt. Dabei hätte ich ihm nie davon erzählen dürfen! Warum? Konnte ich denn ahnen, dass er es jemals gegen mich verwenden würde? Vertraue niemals einem Menschen, denn sein wahres Gesicht siehst du erst, wenn er nicht mehr das bekommt, was er will, oder aber wenn die Zuneigung erloschen ist – falls es sie jemals gegeben hat.

Heute bin ich schlauer! Doch habe ich nie wirklich viel über Rudi erfahren. Und die wenigen knappen Erzählungen seinerseits klangen fadenscheinig.

Dennoch beschlossen wir, dass wir es als Paar versuchen wollten. Schon bald kam der Traumtänzer Rudi auf ganz viele und vorschnelle Ideen. Er wollte zum Beispiel in eine andere Wohnung ziehen, wobei es „Wohnung" nicht trifft, denn er wollte unbedingt ein Haus haben! Wollte einen Neuanfang wagen, weit weg von seiner Tochter und der Exfrau. Stattdessen wollte er mit mir zusammen sein. Was schmierte er mir Honig ums Maul! Und naiv, wie ich war, glaubte ich ihm all seine Lügen.

So sahen wir uns im Laufe der Zeit und im Schnelldurchlauf einige Objekte an.

„Ich brauche Platz. Ich muss den Firmensitz zu mir nehmen. Ich will nicht wie eine Ölsardine in der Dose leben!", waren seine Worte. Wenn ich da schon geahnt hätte, was wirklich hinter der letzten Aussage steckte, dann wäre genau an dem Punkt Schluss gewesen. Aber nein, ich konnte es nicht erkennen und tappte in die Falle. Um genau zu sein: Ich ging einem schizophrenen Betrüger auf den Leim!

Immer wieder war Rudi nur von morgens bis abends da, über Nacht jedoch war er weg – angeblich hatte er in dem Rehazentrum, in dem er zur Behandlung war, tagsüber Ausgang, musste aber dort übernachten. Für mich war das ungewohnt, aber als ich Rudi mit einem Mann verglich, der Nachtschichten arbeitete, gewöhnte ich mich doch daran. Bald war alles schön und vertraut und ich hatte den Halt, den ich brauchte. Nachdem ich beschlossen hatte, meine Familie, vor allem aber meinen Ehemann, zu verlassen – das war in den Jahren 2009/2010 –, musste ich meinen neuen Lebensabschnitt nicht allein starten, sondern hatte jemanden an meiner Seite, der es, so schien es, zumindest ehrlich mit mir meinte.

Doch sehr schnell ließ Rudi seinen Frust, den er zudem recht oft an den Tag legte, an mir aus. Er lieh sich von mir Geld unter falschem Vorwand und gab es mir nie zurück. Aus allem, was er machte – vor allem was er falsch machte –, drehte er mir einen Strick und ließ mich die Konsequenzen spüren, ehe er sie umsetzte. Warum ich da nicht sofort den Rückzug antrat, kann ich heute nicht sagen. Die einzige plausible Erklärung dafür muss die rosarote Brille sein, die ich wohl aufhatte, weil ich nicht allein dastehen wollte. Ich hoffte jedoch, dass Rudis Ausfallerscheinungen nicht zum Dauerzustand werden würden.

Irgendwann kam der Tag, an dem wir uns ein Haus ansahen, welches eindeutig zu teuer war! Für mich war klar, dass ich da nicht mitmachen würde. Und was tat Rudi? Genau, statt mit mir zu reden, mietete er ein anderes Haus an, das ich nie zuvor gesehen hatte. Ich dachte, dass er es auf seinen Namen mieten würde, doch schließlich lief der Mietvertrag über Mike, seinen Chef, mit dem er gut befreundet war, damit der die Kosten absetzen konnte.

Im Erdgeschoss befanden sich unsere beiden Büros, die Küche, das Wohnzimmer und ein Badezimmer, und im oberen, eher verkommenen Teil des Hauses waren ein Schlafzimmer, ein Kinderzimmer und der Dachboden. In einem Zimmer, welches später zum Kinderzimmer wurde, befand sich eine Türe, die hinauf unters Dach führte und die Rudi absichtlich irgendwann mit einem Kleiderschrank zustellte. Wozu das gut sein sollte? Ich hatte keine Ahnung und erfuhr es auch erst viel später.

Warum ich mich von Rudi wie eine Marionette behandeln ließ, weiß ich nicht, aber ich denke, dass ein Grund dafür war, dass ich ja in diesem Sinne allein war. Ich hatte nicht mehr wirklich etwas – keine Familie, keine eigene Familie. Meine Kinder durfte ich nur dann und wann mal sehen und nichts lief mehr wie geplant.

Obwohl Rudi alles über mich wusste, wusste ich verdammt wenig über ihn. Nur dass er Schlosser oder Maschinenschlosser war, auf dem Weg zur Arbeit einen Autounfall gehabt hatte, folglich Probleme mit dem Knie und Verdienstausfall zu beklagen hatte und den Unfallgegner bis aufs Letzte verklagen wollte. Ich wusste auch, dass der Unfallgegner abstritt, den Unfall verursacht zu haben. Aber das ist ja bei der Abwicklung von Unfällen nichts Ungewöhnliches.

Nun denn, Rudis Frustschübe ereilten mich immer häufiger und sein Zorn wurde heftiger. Ebenso seine Forderungen. Eines Tages wollte ich einen Cut machen, also sagte ich ihm ganz klar, dass es so zwischen uns keinen Sinn hätte und es besser sei, wenn sich unsere Wege trennen würden. Ja, wenn eine Beziehung nicht klappt, sollten sich die Wege freundlich und ehrlich trennen! Dieser Meinung war ich, aber auch nur ich! Rudi wurde sofort laut und drohte mit niemals da gewesenen Dingen, ehe er abends wie immer wegfuhr und erst am nächsten Tag zurückkam, um sich für sein unangebrachtes Verhalten zu entschuldigen. Dummerweise nahm ich seine nicht ehrlich gemeinte Entschuldigung an.

Doch noch während der Renovierungsarbeiten im Haus ging Rudi erneut an die Decke. Wenn er einmal nichts zustande gebracht hatte oder etwas nicht so klappte, wie er es wollte, wurde er laut, kam zu mir – das eine Mal völlig unerwartet –, packte mich und schlug mich, während er mich anschrie. Was war das denn? Ich wusste nicht, wie mir geschah, und wollte nur noch weg, als Rudi mich erneut packte. Dann schlug er mich wieder und immer wieder. Eine flache Hand nach der anderen bekam ich ins Gesicht geschlagen. Ich schrie, was das Zeug hielt, verspürte Angst und Panik: „Das lasse ich mir nicht gefallen! Du spinnst ja! Ich lasse mich doch von dir nicht schlagen! Ich wünsche dir noch ein schönes Leben, aber ohne mich!" So hatte eine gemeinsame Zukunft keinen

Sinn, denn wer einmal schlägt, der tut das immer wieder!

Kaum hatte ich meine Wut rausgeschrien, sah Rudi mich starr an und ließ irgendwann los. Mit einem unergründlichen Blick verkündete er: „Du hast genau zwei Tage Zeit, das alles tipptopp fertig zu machen, sonst droht dir ein blaues Wunder!“ Dann verschwand er. Als die Haustüre ins Schloss knallte, sank ich heulend zu Boden und verstand die Welt nicht mehr.

Die beiden nächsten Tage wurden zu einem Albtraum an Ignoranz. Es ist so verletzend, wenn Menschen einen wie Luft behandeln. Doch dann kam die Antwort seiner Macht geballter, als je angenommen.

Ich weiß, was Sie jetzt denken, liebe Leserinnen und Leser: „Mein lieber Mann, Nicole, was ist das denn wieder für ein Albtraum? Warum bist du nicht einfach gegangen? Ein Mann hat eine Frau nicht zu schlagen!“

Aber es ist immer alles leichter gesagt, als es in der Praxis umzusetzen ist.

Angst! Reine Angst war der Grund!

Rudi kam wie immer morgens nach „Hause“, da er ja dann von seiner „Reha“ wegkonnte. Um halb sieben stürmte er ins Wohnzimmer, in dem ich auf der Schlafcouch lag und noch in den tiefsten Träumen war, und zerrte mich am Arm vom Sofa in den Flur, die beiden Stufen hinunter in die Küche. Es tat höllisch weh und ich dachte, er würde mir den Arm brechen. In der Küche angekommen, befahl er mir aufzustehen und sagte: „Du Schlampe, warum ist das alles noch nicht so eingeräumt, wie ich es dir gesagt habe?“ Schließlich schlug er mir mitten ins Gesicht. Ich war so geschockt, dass ich nicht auf seine Frage reagieren konnte. Ich war nämlich genauso kaputt vom Umzug und den damit verbundenen Arbeiten wie er, nur mit dem Unterschied, dass er keinen Finger gekrümmt hatte. Er war derjenige, der immer nur die Kommandos gab, sonst kam nichts von ihm. Und wenn überhaupt, war er unterwegs! Wo auch immer!

Schockiert über die heftige Ohrfeige, heulte ich los und machte ihm klar, dass ich auf so was keine Lust habe. Ich hatte die Schnauze gestrichen voll. Das hätten Sie doch auch so gemacht, oder?

Und ich dachte, ich könnte nun ganz einfach gehen, aber nein! Zack, hatte ich wieder eine hängen. Und glauben Sie mir, dieser Schlag tat richtig weh! Ich sah Sterne, die mich noch einige Stunden lang begleiteten. An die Wand gelehnt sank ich in die Knie und schaffte es nur mit Mühe, mich kurz darauf wieder aufzuraffen. Während ich mich an der Wand entlangtastete, packte mich Rudi von hinten, zog an meinem rechten Arm und zerrte mich hinter sich her die beiden Stufen rauf. Dabei schrie er: „Du Schlampe, dir werde ich Manieren beibringen! Du machst, was ich dir sage, sonst erlebst du dein blaues Wunder! Bisher habe ich jede Frau nach meinem Geschmack erzogen!" Ich dachte, dass ich nicht richtig höre, aber er meinte das gewiss ernst. So schrie ich zurück: „Mach doch, ich geh zur Polizei und zeige dich an!" Doch in dem Moment kam auch schon die Antwort seinerseits: Vier oder fünf Mal holte Rudi aus, schlug mich und schrie dabei: „Dir Flittchen wird niemand glauben, dafür werde ich sorgen! Dir mache ich das Leben zur Hölle! Eine Frau verlässt mich niemals und wird mich ganz sicher auch nicht anzeigen! Ehe so etwas passiert, wirst du dich mehrmals im Grabe umdrehen!"

Ich lag da im Flur auf dem Fliesenfußboden, weinte und fror, weil es kühl war und ich kaum etwas anhatte. Zudem hatte ich panische Angst. „Wenn ich um zwei Uhr wiederkomme, ist das alles so, wie ich es dir gesagt habe. Wenn nicht, dann wirst du richtig was erleben! Und wage es ja nicht, zur Polizei zu gehen! Ich bringe dich sonst um! Ich sehe alles!" All das schrie Rudi vor seiner Bürotür stehend den Flur entlang, ehe er die Haustüre mit einem lauten Knall hinter sich ins Schloss fallen ließ und sich vom Acker machte.

Ach du Schande!, dachte ich nur. Den muss ich anzeigen. Aber um ehrlich zu sein, wusste ich nicht, wie mir geschah. Ich hoffte, dass es nur ein Albtraum gewesen war, doch spätestens als ich mich ins Bad geschleppt hatte und in den Spiegel schaute, wusste ich: All dies war grausame Realität!

Während ich versuchte, das Nasenbluten zu stoppen, überlegte ich: Was soll das alles? Warum rastet er nur dauernd so aus? Doch ich wusste es nicht. Aber so konnte es nicht weitergehen. Also raffte ich mich auf, ging duschen, zog mich an und wollte gerade meine Sachen packen, als Rudi mich anrief, um mit mir zu reden. Er bedauerte, was geschehen war. Angeblich hätte er es nicht so nicht gemeint, schließlich wolle er keinen Streit mit mir haben.

Ja genau, er wollte keinen Streit mit mir haben! Doch es war kein Streit mehr. Das, was er mir angetan hatte, war absichtliche Körperverletzung. Und warum wollte er auf einmal mit mir reden? Richtig! Weil er wusste, dass ich an dem Tag einiges an Geld zur Verfügung haben würde, da ich nebenbei Arbeiten machte, die nicht schlecht bezahlt wurden. Dass aber dieses Geld jemals eine Rolle spielen würde, daran dachte ich in diesem Moment noch nicht.

Vorsichtshalber packte ich meine Tasche und stellte sie in eine Ecke des Wohnzimmers. Dann lenkte ich mich damit ab, dass ich die von ihm geforderten Arbeiten erledigte. Ich putzte, räumte Sachen in die Schränke und so weiter. Bis Rudi irgendwann unbemerkt, wie aus dem Nichts, hinter mir stand und mich erschreckte. Oh Mann, am liebsten hätte ich ihn in die Ecke geschubst!

Da stand er, eine Rose in der Hand, und entschuldigte sich glaubwürdig mit vielen kullernden Tränen.

Dumm, wie ich war, nahm ich ihm das Theaterspiel ab. Ich glaubte wirklich, dass es ihm leidtat, was geschehen war. Dann sagte er: „Wir müssen miteinander reden, ich hab dir da was zu erzählen!“

Na, da war ich aber gespannt. Was er wohl auf dem Herzen hatte? Und wie wollte er begründen, dass er in meiner Gegenwart oft dermaßen ausrastete?

Wir setzten uns mit einer Tasse Kaffee hin und er erzählte. Er sei Inhaber einer Firma gewesen, angeblich eine GmbH, aber seine Frau habe sein ganzes Geld verprasst, ihn beklaut, belogen und betrogen, ihm alles genommen und dafür gesorgt, dass er heute verschuldet sei. Mehr sagte er dazu nicht.

Sein Unfall war ihm insofern wichtig, dass er dauerhaft einen auf „Ich bin noch so krank!“ machen konnte, weil er ja auf diese Weise Geld von der Berufsgenossenschaft bekam. Er sei kurz davor, dem Unfallgegner die Schuld nachzuweisen, obwohl dieser, wenn überhaupt, nur eine Teilschuld trage. Wie Rudi erzählte, habe er selbst überholt und war in den Gegenverkehr hineingefahren, nicht umgekehrt, wie er behauptete. Rudi wollte seinen Unfallgegner bluten lassen und täuschte nun schon die ganze Zeit vor, dass es ihm so richtig schlecht gehe. Er ließ ein Prozedere nach dem anderen über sich ergehen und tat dann immer so, als wenn er Schmerzen hätte und es nicht besser werde.

Dann offenbarte mir Rudi, dass er bei seinem Freund und Arbeitgeber Mike nur zum Schein angestellt sei, damit er Ausgang aus dem offenen Vollzug habe. Für sein monatliches Gehalt müsse er jedoch jeden Monat selbst aufkommen, da Mike das finanziell nicht schaffte.

Das war wirklich der Hammer!

Ich war schon das ein oder andere Mal stutzig geworden, als wir bei Mike gewesen waren und Rudi ihm Geld in die Hand gedrückt hatte mit den Worten: „Hier ist mein Gehalt!", aber ich hatte dem keine Bedeutung geschenkt. Warum auch?

War es also tatsächlich wahr, dass er sich im offenen Vollzug befand, die Arbeitsstelle nur hatte, um Ausgang zu bekommen, und er sogar sein eigenes Gehalt bezahlte?

Ja! Ein oscarreifes Schauspiel, das die beiden da abzogen. Man würde im Leben nicht darauf kommen, dass alles nur vorgegaukelt war. Zudem erzählte Rudi, dass er sich Mike warmhalten müsse, falls mal etwas sei, dass ihn aber außer seiner Gutmütigkeit und seinem Geld nichts an ihm interessiere. Persönlich halte er ihn einfach nur für doof.

Caroline, Mikes Frau, war eine ganz Liebe, die zwar, wie es aussah, einige Probleme hatte, aber sonst okay war. Ich kannte sie auch nicht wirklich, denn ich sah sie immer nur kurz. Angeblich hatte Rudi sie auch schon mal in seinem Bett gehabt. Doch ob das stimmte? Wenn ich heute darüber nachdenke, kann ich es mir nicht vorstellen.

Egal. Des Weiteren berichtete Rudi, dass er dringend Unterhalt an seine Ex-Frau zahlen müsse, ehe sie die Mitteilung mache, dass er das nicht könne, weil er im offenen Vollzug sitze und sonst wieder in den geschlossenen käme. Als ich ihn fragte, warum er denn überhaupt verurteilt worden war und im Knast saß, antwortete mir Rudi, dass er wegen fünf Kilo Kokain als Strohmann geschnappt worden sei.

Ich staunte nicht schlecht, als er mir diese Geschichte erzählte, und glaubte sie ihm erst einmal. Wer erzählt schon freiwillig, dass er im Knast sitzt?

Dumm, wie ich war, bot ich aber meine Hilfe an und lieh ihm das Geld. Doch wurde ich auch ängstlicher. Dass er mit Drogen zu tun hatte, munterte mich nicht auf, ganz im Gegenteil! Ich selbst hatte ja drei Kinder, die zu diesem Zeitpunkt noch klein waren. Und das Letzte, was ich wollte – auch wenn die Kinder bei meinem Ex-Mann lebten –, war, dass mein neuer Lebensgefährte eine Gefahr für die Kinder werden würde.

Nach unserem Gespräch verging die Zeit wie im Fluge. Rudi war sehr oft – um nicht zu sagen täglich – brummig und ruppig, hielt aber seine Hände still. Und so war es bereits Juni, als ich aus reiner Angst betete.

Ja aus Angst, denn Rudi begann erneut so widerlich zu werden, wie ich es schon von ihm kannte. Also war es nicht weit hin, bis er sich wieder nicht unter Kontrolle haben und mich schlagen würde.

Okay, ich gebe zu, dass ich Buch über meine Gebete führte, und ich möchte gern daraus zitieren, denn in der Verzweiflung erweist sich der Glaube an eine höhere Macht als fester Lichtblick am Ende eines dunklen Tunnels.

„Vater unser, geheiligt werde dein Name. Dein Reich komme, dein Wille geschehe, wie im Himmel so auf Erden. Du weißt ja, dass ich es mit dem Beten nicht so habe. Und ehrlich gesagt glaube ich auch nicht daran, dass es dich gibt, aber dennoch hoffe ich, dass du mich irgendwann mal erhörst!

Die Ehe mit Lars ist nun endgültig Geschichte. Ich habe mich zugunsten meiner Kinder entschieden, dass sie bei ihm aufwachsen sollen.

Doch was ist das mit Rudi? Er ist der Kerl, den alle mögen, den alle lieben – und dann entpuppt er sich als Schwein!

Bitte lass nicht zu, dass er mich jetzt ständig verprügelt, und hilf mir, mich aus seinen Fängen zu befreien!“

Ich denke, liebe Leserinnen und Leser, das sagt Ihnen alles! Dennoch werden Sie nicht verstehen können, warum man sich in einem Fall wie dem meinen nicht einfach von seinem Partner trennt – es sei denn, man hat so etwas selbst erlebt.

Aber wie ging es weiter mit Rudi und mir?

Ihm Geld zu geben war ein weiterer Fehler gewesen, der mir eine Lehre sein sollte. Drei oder vier Tage später ging der ganze Zirkus von vorne los! Wieder kam Rudi morgens nach „Hause“, wieder riss er mich aus dem Bett, und wieder hatte er einen Grund zu meckern.

Boah, der machte mich nervlich fertig!

Warum ich mich niemandem anvertraute und um Hilfe bat?

Geglaubt hätte mir ohnehin niemand diese absurden Tatsachen. So erschien mir das Beten als Kraftschöpfer und Hoffnungsblick, als der einzig vernünftige Weg. Doch statt einen Funken besser wurde alles noch schlimmer! Ständig gab es Streit, fast jeden Tag schlug er mich. Einen Anlass gab es nicht – wirklich nicht. Für Rudi war ich ein lebender Frust-Dummie, seine Sklavin, mit der er machen konnte, was er wollte, und an der er sich ausließ, wenn ihm danach war. Er schlug mich, beschimpfte mich, warf mir aus dem Nichts Dinge vor den Kopf. Dinge, die er verbockt und zu verantworten hatte. Aus allem, was wir abgesprochen und was wir gemeinsam angeschafft hatten, und sogar aus meiner Vergangenheit drehte Rudi mir einen Strick. Und ich sage Ihnen, dass es grausam ist, wenn Ihnen jemand den Mist, den er eigenhändig angestellt hat, in die Schuhe schieben will. Man hat kaum eine Chance, anderen gegenüber glaubwürdig zu erscheinen, weil die Suche nach der Wahrheit zu aufwendig ist und es jeglichen Rahmen sprengen würde. Und wer glaubt, dass „im Zweifel für den Angeklagten" in jeder Situation gilt, der irrt sich gewaltig. Die deutsche Justiz sieht das nicht vor.

Immer dann, wenn Rudi kein Geld mehr hatte, behauptete er, dass ich keine Miete zahlen würde, dass ich meinen Teil der Mietkaution nicht gezahlt hätte und lauter solchen Unsinn. So viel zu dem Thema „Du gibst mir jeden Monat deinen Anteil und ich zahle den Rest über Mike, denn er kann ja die Miete absetzen".

Die monatliche Mietzahlung betrug seiner Aussage nach eintausendfünfhundert Euro, und das für diese alte Bruchbude! Mein Anteil betrug die Hälfte, also siebenhundertfünfzig Euro. Dass sich Rudi da schon die Taschen vollmachte, erfuhr ich erst viel später.

Herrje, was war ich naiv! Ich hätte mir das mal besser quittieren lassen sollen, dann hätte ich mir all den Scheiß nicht anhören müssen!

Auch zu der Einrichtung gab ich mehr dazu, als mir lieb war. Ich bezahlte das Sofa, aber die Rechnung wurde auf Mikes Firma ausgestellt. Und wieder hieß es, er könne das ja absetzen. Dabei war das ein absichtliches Spiel, das Rudi mit mir spielte. Er konnte dann sagen, dass er alles bezahlt hätte, und Mike, der Depp, glaubte Rudis Lügen. Im Nachhinein kam es eben dazu, dass man mir nicht glaubte, denn es hieß, dass Mike das Sofa gekauft habe – und er konnte das auch noch belegen. Wieder war ich die Dumme.

Die Küche, ja die hatte Rudi besorgt. Sie soll von einer Frieda gewesen sein. Wie er ihr die abgeluchst hatte – keine Ahnung. Angeblich sollte diese „alte" Küche im Landhausstil ohne E-Geräte noch zweitausend Euro gekostet haben. Die Wahrheit darüber will ich gar nicht wissen, denn was ich darüber wusste, konnte nicht wahr sein!

Ach, war das ein Mist! Wiederholt sprach Rudi Drohungen aus. Auch die, dass ich das Haus zu verlassen habe, da ich dort nicht offiziell leben dürfe, weil ich nicht im Mietvertrag eingetragen sei, der schlauerweise auf Mikes Namen lief. Und angeblich hatte ich irgendwas gekauft, bestellt und nicht bezahlt und lauter solchen Mist. Das Schlimme daran war, dass immer er die Belege hatte, nie ich!

Im Grunde war unser Zusammenleben zum Scheitern verurteilt. Alles, was ich mit Rudi erlebte, hatte keinen Sinn, und ich wollte nur noch da weg. Er ritt mich doch nur in Schwierigkeiten rein, mit denen ich nichts zu tun haben wollte. Doch irgendwie ließ ich mich von seinen Einschüchterungsversuchen zu sehr beeinflussen – ich hatte einfach nur Angst! Wenn einer seine

Drohungen in die Tat umsetzte, dann Rudi! Das hatte er bereits mehrfach bewiesen.

Freunde, denen ich den ganzen Scheiß erzählte, schüttelten nur den Kopf. Sie verstanden nicht, was hier geschah. Und schon gar nicht, dass ich den Absprung nicht schaffte. Bis ich fast mutterseelenallein dastand. In dieser Zeit, in der ich Freunde gebraucht hätte, weil es mir richtig beschissen ging, waren mir nur zwei Menschen – wenn auch auf Distanz – geblieben, die mir zu helfen versuchten, wo es ihnen möglich war.

Zum Schluss war ich so isoliert und hatte niemanden mehr, mit dem ich hätte reden können. Ohne dass sie es wollten, hatte ich auch den Kontakt zu meinen letzten beiden Freunden abgebrochen. Sie verstanden das nicht und machten sich trotz allem die Mühe, mich aufzusuchen und mir zur Seite zu stehen.

Warum konnte ich nicht einfach nur abhauen und irgendwann und irgendwo neu anfangen?

Sicherlich hätte ich das irgendwie gekonnt, aber ich hätte nie meine Ruhe gehabt, das stand fest!

So war ich wieder einmal am Boden zerstört und hatte zudem mit wahnsinnigen Unterleibsschmerzen zu kämpfen, die mir sehr zu schaffen machten. Und Rudi hörte nicht auf, sondern machte weiter, bis er endlich irgendwann mal wieder einfach so verschwand. Das war echt der Hammer! Tag für Tag dieses Ammenmärchen mit der Reha. Mir war es aber egal geworden, wo er sich tatsächlich rumtrieb.

Als ich wieder einmal besonders starke Schmerzen hatte, machte ich mir in der Hoffnung, dass es helfen würde, eine Wärmflasche, legte mich hin und verdrängte den Gedanken, dass ich etwas tun müsste, um wieder fit zu werden. Aber lange hatte ich keine Ruhe. Schon am nächsten Tag machte mir Rudi, wie dann jeden Tag aufs Neue, das Leben zur Hölle und schüchterte mich regelrecht ein. Seine Art von Erziehung war so mies, dass ich ihm wirklich gönnte, so etwas würde mal jemand mit ihm machen, damit er wusste, wie das war!

Mir ist klar, dass Sie das nicht verstehen werden, denn wieder blieb ich da! Und wieder einmal war ich schuld an Rudis verkorkstem Leben. Das war ja nichts Neues mehr.

Manchmal fragte ich mich ja auch selbst: Warum ergreift eine gestandene Frau, wie ich sie bin, nicht die Flucht? Okay, ich hatte Angst, war dann auch noch gesundheitlich angeschlagen, aber so im Nachhinein betrachtet waren das einfach nur Ausreden. Sicher dominierte die Angst vor dem Alleinsein. Heute, während ich das hier schreibe, weiß ich, dass ich damals besser allein zurechtgekommen und mir vieles erspart geblieben wäre. Es hat nämlich später Zeiten gegeben, in denen ich tatsächlich allein lebte und dabei alles meisterte.

Nun gut. Klar war, dass das kein Dauerzustand sein konnte. Wie also sollte es weitergehen?

Prügel zum Geburtstag

Der 5. Juli 2010 war fest verplant, denn ich hatte die Zustimmung meines damaligen Mannes, meine Kinder abholen und in aller Ruhe mit ihnen meinen Geburtstag verbringen zu dürfen. Als ich mich fertig machte, stand plötzlich Rudi in der Türe und befahl mir, mich für ihn zurechtzumachen, was ich ablehnte. Daraufhin nahm er mir wutgeladen meine Autoschlüssel weg und gab mir eine Ohrfeige. Das war so arm, so erbärmlich und so krank! Er zog an meinen Haaren und ohrfeigte mich. Schließlich zerrte er mich an den Armen zu seinem Auto, verfrachtete mich auf den Beifahrersitz und verriegelte die Türe. Ich war sauer und schrie. Rudi stieg auf der Fahrerseite ein, packte mir fest an den Oberschenkel und holte nach hinten aus. „Du hast zu machen, was ich dir sage – sonst nichts!"

Mir blieb nichts anderes übrig. Ich musste mit ihm kommen und von unterwegs meine Kinder anrufen, um ihnen mitzuteilen, dass ich nicht erscheinen werde. Dass die sauer waren, konnte ich ihnen nicht verübeln.

Wo wollte Rudi mit mir hin, dass es ihm so wichtig war, mir an diesem für mich so besonderen Tag den Kontakt zu meinen Kindern zu untersagen?

Er fuhr mit mir an einen abgelegenen Ort in einem Naturschutzgebiet. Dort befand sich ein Gewässer.

Rudi wollte ernsthaft mit mir schwimmen gehen. Frechheit!

So liefen wir vom Parkplatz bis zu dem Wässerchen einige Meter durch eine fliegende Schar Ungeziefer und hohe Gräser. Am Ufer angekommen, brüllte Rudi mich an: „Los, ausziehen!", doch ich wollte nicht. Als er mit einer ausholenden Bewegung andeutete, dass er mich wieder schlagen würde, wenn ich nicht gehorchte, zog ich mich widerwillig aus. Auf seine Schläge hatte ich nämlich keine Lust, war ich doch noch gezeichnet von den vorherigen Übergriffen.

Nach kurzer Zeit kam wie aus dem Nichts eine Schar Pferdefliegen und Bremsen angerauscht. Albtraum! Das sag ich Ihnen! Die Viecher stachen uns, was das Zeug hielt. Und so hatten wir beide – Rudi und ich – innerhalb kürzester Zeit am ganzen Körper brennende, juckende und dick anschwellende Stellen, weshalb wir ins Wasser flüchteten. Doch auch dort waren wir vor dem Ungeziefer nicht sicher, denn es umschwirrte unsere Köpfe und ließ uns nicht zur Ruhe kommen.

Oh Mann, was für ein Geburtstag! Ich sage Ihnen, dass es ein „toller" Tag war! Einen, den ich niemandem wünsche, weil ich der Meinung bin, dass jeder Mensch ein Recht auf einen harmonischen Tag hat, wenn er seinen Geburtstag feiert.

Da wir es bald leid waren, weil sich das Ungeziefer immer wieder auf unseren Gesichtern niederließ, beschlossen wir, ganz schnell das Wasser zu verlassen, uns anzuziehen und schließlich das Weite zu suchen. Nass, wie wir waren, versuchten wir kurz darauf in unsere Klamotten zu steigen, doch das war gar nicht so einfach!

Kaum waren wir aus dem Wasser raus, umlagerten uns diese Biester erneut. Ich wurde weitere sechs Male gebissen und die Stellen brannten und schmerzten wie Hölle. Rudi erging es mit Sicherheit nicht anders, denn auch er schlug wie wild um sich und sah zu, dass wir da wegkamen. Später maulte er in einer Tour, dass ich mich nicht so anstellen solle und dass mir das zu Recht geschehe. In dem Moment wäre ich am liebsten so ein Stechvieh gewesen und hätte ihn bis aufs Blut gereizt.

Ich wäre gern gleich wieder nach Hause gefahren, aber ich hatte kein eigenes Auto dabei, kein Handy, nichts außer meinem Geldbeutel. Zudem waren wir in der tiefsten Pampa, wohin sich keine Menschenseele verirrte.

Auf dem Fahrweg angekommen, schluchzte ich immer noch vor Schmerzen. Rudi störte das nicht und er jammerte auch nicht. Offenbar hatten ihn nicht so viele Biester gebissen wie mich, denn er lachte nur laut vor sich hin.

Als wir einem Pärchen begegneten, blieb Rudi zunächst stehen und wartete auf mich heulendes Mädchen, nahm mich demonstrativ in den Arm und lachte den Leuten entgegen: „Besser nicht zum Wasser gehen, da lauern die Bestien!" Und zu mir gewandt: „Komm, mein Herzchen, wir gehen einen Kaffee trinken!" Diese „Fürsorge" nahmen die beiden wohl mit Humor auf, denn sie lachten ebenfalls und gingen weiter.

Wir stiegen in Rudis Wagen und fuhren den Weg entlang zu einem abgelegenen Restaurant. Dort tranken wir einen Kaffee, aßen ein Stück Kuchen und schwiegen uns an. Was gab es auch zu reden? Ich hatte ohnehin keinen Redebedarf. Irgendwann störte Rudi mein Schweigen und er fuhr aus der Haut. „Was bist du nur für ein undankbares Flittchen! Du machst jetzt, was ich dir sage, sonst passiert ein Unglück!" Mit diesen Worten trat er mir ans Schienbein. Das war eine Unverschämtheit, weshalb ich aufstand und zu den Toiletten ging. Ich wollte nur noch nach Hause, denn die mehr als zwanzig Stiche, die ich mir zugezogen hatte, waren dick angeschwollen und bedurften einer Kühlung. Davon einmal abgesehen, dass mich Rudis wiederholte Drohungen in Angst und Schrecken versetzten. Als ich zum Tisch zurückkehrte, ahnte ich, dass der Tag böse enden würde.

Als Dank dafür, dass es ja mein Geburtstag war, durfte ich auch noch die Rechnung für den Kaffee und den sauteuren Kuchen selbst bezahlen. Spitze, da fühlt man sich an seinem besonderen Tag sehr geehrt! Echt unverschämt!

Streitend gingen wir zu Rudis Auto. Während wir zurückfuhren, musste ich mir allerlei Beleidigungen und Drohungen anhören. Zu Hause angekommen, gab es erst mal einen Satz heiße Ohren.

Jawohl, wieder Schläge, wieder Ohrfeigen! Wie viele es genau waren, kann ich heute nicht mehr sagen.

Tolles Geburtstagsgeschenk!

Und Rudi fluchte, schimpfte und brüllte: „Du undankbares Miststück! Den ganzen Tag hast du mir versaut. Hier hast du dein Geschenk!" Mehrmals schlug er mir ins Gesicht, packte mich an den Armen und zerrte mich Stück für Stück über den kalten Fliesenboden im Flur. Er schlug, trat und beschimpfte mich, dass ich dachte, mein Ende sei gekommen. In dem Moment, als ich auch noch Nasenbluten bekam, nahm er mein Handy an sich, machte kehrt marsch und verschwand. Weg war er! Keine Ahnung warum. Ich denke, dass er kein Blut sehen konnte, denn es war nicht das erste Mal, dass er bei dessen Anblick das Weite suchte.

Erschüttert über das wiederholte gewalttätige Verhalten und meinen versauten Geburtstag ging ich duschen und rieb die zerstochenen Stellen mit einer Salbe ein. Ich sehnte mich nach Ruhe und meinem Bett.

Vor dem Schlafengehen betete ich:

„Vater unser im Himmel, du bist es gar nicht wert, den Spruch zu Ende zu bringen. Warum lässt du mich so im Stich? Warum hilfst du mir nicht? Was soll ich tun? Was kommt da noch? So ist das doch kein Leben! Einen Neuanfang stelle ich mir anders vor!"

Meine Gedanken drehten sich wie in einem Karussell, als ich mich hinlegte und irgendwann völlig erschöpft einschlief.

Sehr zu Rudis Ärgernis verschlief ich am nächsten Morgen, und statt um sechs Uhr fertig zu sein, stand ich erst um halb neun auf. Ungeduldig wartete er schon, um mich, ja zu meinem Erstaunen, anzusehen, mir einen Kaffee zu überreichen und so zu tun, als ob nichts gewesen sei. Im Gegenteil, er grinste mir frech ins Gesicht, als wären wir das glücklichste Paar der Welt.

Ich verstand ihn einfach nicht! Das war mir zu viel. Ich konnte und wollte das nicht mehr. Rudi machte einen auf Unschuldslamm und tat so, als wenn nichts gewesen sei? Wie frech ist das?

Mir liefen die Tränen aus den Augen, als er mich weiter ansah. Da legte er seine Hand an meine Wange und sagte leise: „Ist ja gut. Alles wird gut! Du gehst duschen, machst dich fertig und dann unternehmen wir zwei etwas Schönes!" Doch ich senkte den Kopf und gab ihm damit deutlich zu verstehen, dass ich keinerlei Interesse daran hatte. Als ich wieder aufsah, war sein Blick ganz böse. Blitzschnell packte er mich am Hals, sodass ich vor Schreck die Kaffeetasse fallen ließ und die Couch einsaute, und brüllte: „Wenn nicht, dann bringe ich dich um!“

Sommer Weihnachtsgans

Rudi nahm mich aus wie eine Weihnachtsgans. Er spielte mit mir, als wäre ich seine Puppe, seine Marionette, und machte mich quasi zu seiner leibeigenen Sklavin. Doch irgendwie wurde ich bei seinen heimlichen Telefonaten, für die er sich im Büro einschloss, das Gefühl nicht los, dass er noch einige andere Frauen am Start hatte. Nach wie vor war er auf einem Internetportal als Single angemeldet. Das hatte ich bereits des Öfteren gesehen, wenn wir gemeinsam in seinem lausigen Büro gewesen waren und er am Rechner gesessen hatte. Ich gehe jede Wette ein, dass er auch noch andere Frauen ausbeutete und misshandelte.

Als er eines Tages aus seinem Büro kam, sprach ich ihn darauf an. Und prompt bekam ich eine Antwort: „Meinst du, eine wie du macht mich glücklich? Ich brauche eine Frau, die mir alles gibt, die mir alles recht macht und mich umsorgt! Und keinen Taugenichts wie dich!“ Für einen Moment sah mich Rudi herablassend an. Dann verschwand er.

Und siehe da, später stellte sich heraus, dass ich tatsächlich recht gehabt hatte. Irgendwann standen nämlich die Damen – es waren zwei, um genau zu sein – vor dem Haus und wollten zu Rudi, dem Heiratsschwindler! Als ich sie fragte, wer sie denn seien und ob ich ihm etwas ausrichten könne, erklärten sie mir, dass sie Rudis „Partnerinnen" seien. Sie waren gekommen, um ihr Geld zurückzufordern.

Es gab also weitere Opfer. Doch dieses Wissen brachte mir nichts, denn außer den Vornamen der beiden und wie sie aussahen wusste ich nichts von ihnen.

Je mehr ich in der nächsten Zeit versuchte, mich von Rudi zurückzuziehen, desto mehr forderte er von mir. Immer und immer mehr. Dem konnte ich nicht nachkommen, in keiner Weise!

Wenn ich nicht parierte, überkam es ihn und er machte mir, seiner Lebensgefährtin, die lediglich ihre Ruhe wollte, das Leben zur Hölle. Beleidigt zu werden, damit hätte ich ja noch leben können, aber seine Handgreiflichkeiten nahmen ständig zu. Auch musste ich ihn immer häufiger im Auto zu irgendwelchen Terminen begleiten, ohne jedoch zu erfahren, was das für Termine waren. Stattdessen zwang er mich, während der Zeit im Auto auf ihn zu warten.

Eines Tages kam es zu einem Vorfall. Bei einem Shop, bei dem er regelmäßig einkaufte, weil er sich und auch mir Werbeplakate und -aufkleber für die Fenster des Hauses auf den Namen meines Einzelunternehmens anfertigen ließ, gab er eine Bestellung auf, sagte mir aber nichts davon. Erst Wochen später kam er damit um die Ecke, dass ich knapp vierhundert Euro für die Lieferung zu zahlen hätte. Murrend zückte ich das Geld, ehe es Ärger gab, und verlangte die Quittung. Da bäumte sich Rudi vor mir auf, nahm mir das Geld ab und schlug auf mich ein. „Was bildest du dir ein? Sei froh, dass ich das alles für dich tue!" Mit diesen Worten stecke er das Geld ein und verschwand. Dass er die Rechnung nicht bezahlte, das muss ich nicht erwähnen, oder?

Ich wusste nicht, wie Rudi überhaupt an verschiedene Daten gekommen war, aber er war besser informiert als so mancher Beamter. Auf jeden Fall hatte er dem Inhaber des besagten Shops eine Haustüre verkauft, die er offenbar sehr günstig eingekauft hatte. Der Shop war nicht weit von uns entfernt, und als ich irgendwann den Inhaber in der Kneipe traf, klärte er mich über Rudi auf und warnte mich vor ihm. „Nimm dich vor diesem Betrüger in Acht!", waren seine ernsten Worte.

Dass der „Käufer" Rudi zum einen kannte und die Haustüre in bar bezahlte, konnte und wollte ich nicht wissen. Okay, ich wusste, dass er der Shopinhaber war, mehr aber auch nicht. Nach dem Verkauf stieg Rudi ins Auto und fuhr auffällig gut gelaunt los. Und warum? Genau, er hatte Geld in der Tasche. Doch die Hochstimmung hielt nur an, bis wir zu Hause waren. Wie aus heiterem Himmel knallte es dort erst mal so richtig.

Rudi bekam einen Anruf von Mike und schrie auf einmal los. Mike gegenüber behauptete er, dass ich die Haustüre verkauft und das Geld einkassiert und behalten hätte. Das war so arm! Ich war weder im Besitz des Geldes noch hatte ich etwas mit dem An- und Verkauf dieser Türe zu tun. Doch Rudi war nicht mehr zu bremsen. Nach kurzer Zeit legte er auf, weil ich nur noch schrie: „Du elendiger verlogener Schweinehund! Was bildest du dir ein! Ich habe nichts damit zu tun!“ Er rannte auf mich zu, schlug mich, immer und immer wieder. Ins Gesicht, auf den Kopf, dass sich alles nur so drehte, bis ich zu Boden ging und nicht mehr hochkam. Und Mike, das Arschloch, glaubte später seinem angeblich „ehrlichen“ Mitarbeiter die ganze erlogene Geschichte.

Die beiden machten mich daraufhin bis zum Letzten fertig. Ständig rief Mike mich an und drohte mir mit Anzeigen, wenn ich das Geld nicht binnen vierundzwanzig Stunden wieder rausgab. Und was tat Rudi? Der schlug mich immer wieder, obwohl ich nichts mit all dem zu tun hatte.

Mir reichte es. Ich musste dort weg, egal wie!

Mit Angst im Bauch und voller Panik ging ich zum Sozialamt, um mir Hilfe zu holen. Die bekam ich auch. Und man gab mir die Adresse eines Vermieters für eine Übergangswohnung, die sonst als Übernachtungsmöglichkeit für Monteure diente.

Am Abend lag ich dort im Bett und heulte. Ich verstand die Welt nicht mehr. Rudi terrorisierte mich ununterbrochen, und Mike ebenso. Ich wusste nicht mehr, wo vorne und hinten war. Ich war so durch den Wind, dass ich einige Male auf der Polizeistation anrief und mich erkundigte, was ich in meiner Situation tun könne. Natürlich nannte ich einen falschen Namen, denn ich hatte keinen Bock auf Stress. Und was passierte? Schon bald stand Rudi samt der Polizei bei mir vor der Türe. Die Polizei tat nichts, außer mir mitzuteilen, dass ich mich einfach nur ausruhen und am nächsten Tag ein Gespräch mit Rudi suchen solle, was ich jedoch ablehnte. Da es fast Mitternacht war und ich nicht schlafen konnte, beschloss ich, noch einmal um den Block zu laufen. Eine fatale Entscheidung, denn Rudi lauerte mir auf und hätte mich beinahe über den Haufen gefahren. Er hielt ein paar Meter weiter an, stieg aus und verprügelte mich auf offener Straße. Das muss man sich mal durch den Kopf gehen lassen. Die Nachbarn in ihren Häusern schauten aus dem Fenster, aber niemand reagierte! Nur ein Spaziergänger machte seinen Mund auf, was Rudi dazu veranlasste, ins Auto zu steigen und abzuhauen.

Das Ganze ging vierzehn Tage gut, bis Rudi mich eines Abends in der Straße, in der ich die Übergangswohnung hatte, erneut abpasste, aus dem Auto stieg, mich an den Haaren zu sich heranzog und auf mich einprügelte. Er wollte, dass ich zu ihm zurückkam. Nachdem er von mir abgelassen hatte, rief ich die Polizei an und bat um Hilfe. Doch niemand kam! Somit war das Drama perfekt. „Unterlassene Hilfeleistung“ nennt man so was, oder?

Was für ein Schwein dieser Rudi doch war! Und er kam jedes Mal durch mit all den Nummern, die er da abzog! Immer wieder schaffte er es, selbst die Behörden auf seine Seite zu ziehen, indem er ihnen seine Lügenversion als die Wahrheit auftischte. Die Folge: Sie glaubten ihm mehr als mir, da konnte ich noch so auffällig von Hämatomen gekennzeichnet sein.

Ich empfand mein Leben als einen sehr schlechten Krimi und verstand die Welt nicht mehr.

Und es hörte nicht auf. Rudi lauerte mir weiterhin auf und ich war auf Gedeih und Verderb seinen nicht enden wollenden Gewalttätigkeiten ausgesetzt.

Doppelte Abrechnung!

Nun stellt sich die Frage: Hat Rudi überhaupt mal was bezahlt – hat er eingekauft oder so?

Ja klar, das hat er! Aber wenn er tatsächlich mal etwas zahlte, schrieb er es doppelt auf eine Rechnung, die er schließlich mir unter die Nase hielt. Immer wieder forderte er das Geld dafür ein. So ergab es sich, dass ich manche Rechnung bis zu zwanzig Mal bezahlen sollte.

Man könnte es Geldgier nennen – ich nenne es Betrug! Das ging so weit, dass ich ihm eines Tages klipp und klar sagte, dass ich endgültig die Nase voll habe und es aus sei zwischen uns. Ein für alle Mal! Das passte Rudi natürlich nicht in den Kram. Prompt kam er auf mich zu, packte mich an den Haaren und im Nacken, drängte mich zu Boden und schlug mehrfach auf mich ein.

Was war das nur für ein Leben? Ich konnte nicht mehr! Nun sollte aber wirklich endlich Schluss sein! So ging ich mit meinem Handy auf den Dachboden, schloss mich ein und rief die Polizei. Ein zunächst netter Mann hörte sich an, was ich ihm zu sagen hatte. Nach einer Weile stellte er mir argwöhnisch die Frage: „Frau Fluch, empfinden Sie das nur oder ist das tatsächlich so?" Ich wusste nicht, wie mir geschah. Was war denn hier los?

Wenn Sie nun meinen, das sei ein Scherz, dann muss ich Sie enttäuschen! Leider nein! Ich kam mir vor wie in einem schlechten Film. Immerhin blieb der Polizist am Telefon, bis zwei seiner Kollegen bei mir eintrafen. Rudi versuchte nämlich mittlerweile, die Tür zum Dachboden aufzubekommen.

Die beiden Polizisten nahmen sich Rudi vor und befragten ihn. Und glauben Sie mal nicht, dass sie sich meine Version der Geschichte anhörten. Rudi sagte sinngemäß: „Die Frau Fluch spinnt doch! Das ist alles nicht wahr, was sie Ihrem Kollegen am Telefon gesagt hat. Ich habe sie nicht angefasst. Niemals! Ich habe ihr lediglich gesagt, dass sie ihre Koffer packen und gehen kann, weil sie ihre Miete nicht zahlt! Außerdem saß die Alte schon in der Klapsmühle – das sagt doch alles!“ Was für ein Schleimer! Die Beamten bejahten Rudis Aussage, schauten mich prüfend an, sahen auch, wie ich zugerichtet war, und gingen mit den Worten: „Wenn was ist, Frau Fluch, dann rufen Sie uns ruhig an!“

Das war ja wohl mehr als ein Scherz, oder wie sehen Sie das? Wozu sollte ich die denn noch mal anrufen? Damit sie zusehen konnten? Das durfte echt nicht wahr sein, aber es war die bittere Realität!

Kaum waren die Polizisten vom Hof gefahren, hatte Rudi mich gleich wieder am Wickel. Er schrie, drohte und hatte sogar ein Messer in der Hand, weil er gerade dabei gewesen war, seine Post zu öffnen. Ich dachte, er würde mich umbringen. Zu meinem Erstaunen hob er das Messer in die Höhe, sagte: „Eine Klinge kann sehr scharf sein!“, senkte seine Hand wieder und legte das Messer auf den Tisch. Dann verschwand er.

Nichts konnte ich ihm recht machen, nichts war auch nur ansatzweise zu seiner Zufriedenheit. Ich war wie Aschenputtel für ihn, nur sah er mich nicht als Mensch, sondern wohl eher als Dummie.

Ich wollte endlich weg von ihm, doch Rudi schaffte es mit allen Mitteln, mich daran zu hindern. Ich zahlte eine sauteure Miete, musste selber schauen, wie ich zurechtkam, und hatte Angst, dass er seine Drohungen in die Tat umsetzen und mich umbringen würde!

Als es einige Tage später zu einer ähnlichen Situation kam, nahm Rudi mir das Handy weg und verpasste mir genau acht Schläge – und die saßen! Als ich zu Boden ging, schloss er sich in seinem Büro ein, rief Lars an und erzählte nichts als Lügen über mich. Und was machte mein Ex? Er telefonierte eine Stunde lang mit Rudi und ließ kein einziges gutes Haar an mir, sondern machte bei dem Affenzirkus auch noch mit!

Ich kann Ihnen sagen, dass ich echt nicht mehr wusste, wo vorn und hinten war.

Warum machte Lars das? Reichte es nicht, dass er mich als seine Ehefrau im Stich gelassen hatte? Nein, er spielte bei Rudis Spielchen mit, weil ich ihm keinen

Unterhalt für meine Kinder zahlen konnte, wie er es gern gehabt hätte. Das war so mies!

Mehrmals klopfte ich an Rudis Bürotür und schrie, dass es eine Sauerei sei, was er da für eine Show abziehe. Doch er ignorierte mein Aufbegehren. Stattdessen stellte er sich als den Guten hin und mich als die einzig Böse. Und mit dieser Masche kam er durch. Nicht nur Lars gegenüber, sondern immer und überall!

Von seiner Betrugsmasche ganz zu schweigen. Egal wo ich mein Geld versteckte, er fand es! Als würde er mich überwachen und mich bei jedem Schritt, den ich tat, heimlich beobachten. Er bediente sich, ohne mich zu fragen, was für manch peinliche Situation beim Bezahlen in den Geschäften sorgte, denn ich hatte ja nichts mehr in meinem Geldbeutel, oft nicht mal eine Bankkarte, weil auch diese weg war. Wenn ich dann nach Hause kam und mich bei Rudi beschwerte und mein Geld zurückforderte, machte er wieder nur Stress. Kaum hatte ich vorsichtig gefragt, hatte ich schon eine kleben, und wenn ich auch nur einen Mucks dazu sagte, ging es erst recht los. Er kam so richtig in Fahrt und steigerte sich in etwas rein, was nicht war. So ließ er mich seine Wut, seinen Hass und seinen ganzen Ärger, der ihn belastete, spüren! Er würgte mich, schlug mich, zog mich in der unteren Etage über den Boden die Treppe hinunter und sorgte dafür, dass ich den Absprung von ihm nicht schaffte. Ich hatte zu tun, was er verlangte, und auszuführen, was er befahl! Mehr nicht. Wie sollte ich das nur aushalten?

Eines Tages zerrte er mich von der Haustüre über den Hof vor das Haus und schließlich auf die Straße, um mich in aller Öffentlichkeit zu verprügeln. Und was taten meine lieben Nachbarn? Sie präsentierten sich als Schaulustige am Gartenzaun oder hinter ihren Gardinen am Fenster und sahen einfach nur zu! Einige schüttelten den Kopf und nicht einer von ihnen hatte den Mumm, mir zu helfen oder wenigstens die Polizei zu rufen. Aber sich das Maul über mich zerreißen, das konnten sie! Dabei wäre es nur ein Anruf gewesen, den sie hätten tätigen können, nein müssen! Stattdessen gafften sie zu uns herüber und erlebten einen Live-Krimi vor der eigenen Haustüre.

An diesem Tag war ich so fertig, dass ich in mein Auto steigen wollte, um vom Ort des Geschehens wegzukommen. Zu Rudi sagte ich, dass ich einen Termin hätte und noch mal wegmüsse. Aber er wollte mich nicht gehen lassen, da seine Prügelattacke sichtbare Spuren an meinem Körper hinterlassen hatte. Erst als ich andeutete, dass bei diesem Termin Geld eine Rolle spiele, ließ er mich gehen. Nein, ich hatte keinen Termin, ich wollte einfach nur weg. Da war die Lüge Mittel zum Zweck gewesen.

Planlos fuhr ich durch die Gegend, mehrere Stunden lang. Bis ich auf einmal Doppelbilder sah und nicht mehr weiterfahren konnte. Da ich erst wenige Meter zuvor an einem Krankenhaus vorbeigefahren war, drehte ich um und schaffte es gerade noch dorthin.

Ein Arzt untersuchte mich, machte sich Notizen und quatschte mich zu. Ich wollte von dem ganzen Gesülze, dass es noch mehr Gewalt in Familien gebe, nichts hören! „Sie müssen den Mann anzeigen!“, sagte der Arzt. Aber ich gab ihm zu verstehen, dass in dem Fall noch viel Schlimmeres geschehen werde. „Ja“, kommentierte er, „manche Kerle sind unberechenbar. Und niemand unternimmt was gegen die!“ So tat er nichts weiter, als mir zwei Schmerztabletten zu geben, verbunden mit dem Hinweis, dass ich Anzeige erstatten und mich schonen solle. Ich senkte den Kopf und verabschiedete mich, als er doch tatsächlich noch sagte: „Frau Fluch, wenn Sie den Mann nicht anzeigen, dann machen wir Meldung bei der Polizei. So geht das nicht! Sie müssen sich wehren! Ich rufe Sie heute Abend an, bis dahin können Sie sich überlegen, ob Sie es selbst tun. Am besten, Sie haben es bis dahin schon getan!“

Na, spitze, dachte ich! Ich fühlte mich unter Druck gesetzt, wusste aber, dass ich im Falle einer Anzeige keine Chance hätte, überhaupt noch einmal lebend unser Haus zu verlassen. Wie zur Bestätigung klingelten Rudis Worte in meinen Ohren – immer wieder. „Ich bringe dich um, wenn du nicht mehr nach Hause kommst! Ich finde dich überall!“ Zudem rief er auch ständig an und wollte wissen, wo ich war. Erschöpft, irritiert und unter Schmerzen fuhr ich zurück nach Hause, besser gesagt in die Hölle meines Lebens.

Am Abend rief mich tatsächlich der Arzt an. Allerdings stand Rudi neben mir und ich konnte nicht reden. Ich versuchte dem Arzt das klarzumachen, worauf dieser sagte: „*Er* steht neben Ihnen! Okay, dann werde ich jetzt tun, was wir besprochen haben!“ Damit legte er auf.

Ja holla die Waldfee! Was für ein Glück, dass Rudi das nicht hörte. Der wäre ausgerastet!

Im Übrigen hat dieser Arzt schließlich wohl doch keine Meldung wegen Häuslicher Gewalt gemacht, denn es kam nie etwas!

In der nächsten Zeit wurde die Situation nur noch schlimmer. Rudi verlangte von mir, dass ich mich bei einer Beraterin, die für ein Vertriebsunternehmen unterwegs war, einschleimte. Ich sollte herausfinden, was die Firma vertrieb und auf welchem Weg sie das tat, wie das funktionierte und was man genau da verdiente.

Okay, an diese Infos zu kommen war für mich ein Kinderspiel. Die Beraterin hieß Erna Ploppel. Sie war Vertreterin einer Produktmarke, bei welcher der Vertrieb sehr stark nach einem illegalen Schneeballsystem roch, aber okay. Ich lernte sie telefonisch kennen und wir verkehrten per E-Mail. Wir verstanden uns gut. Da ich aber mit dem, was sich auf der einen Seite so gut anhörte, nicht zurechtkam, wollte ich den Kontakt bald wieder abbrechen. Ich meldete mich einfach nicht mehr – bis Erna sich bei mir meldete.

Das war doch Käse! Ausreden zeigten keine Wirkung, weil sie davon überzeugt war, dass ich gut in ihr Team passen und die Produkte erfolgreich verkaufen würde. Nachdem ich ihr mitgeteilt hatte, dass ich arge Probleme mit dem „Schläger" Rudi hatte, wollte sie mir helfen. Diese Frau wollte mir mit den Produkten, einem neuen Job und dem damit verdienten Geld den Absprung erleichtern. Warum auch nicht! Also stimmte ich, wenn auch mit einem unguten Gefühl, zu und sagte, dass ich einige Leute mitnehmen werde. Wir verblieben so, dass wir in den nächsten Tagen wieder telefonieren wollten.

Noch am gleichen Wochenende wusste Rudi über alles Bescheid! Aber woher? Ich hatte keine Ahnung. Er kannte sowohl den Inhalt unserer Telefonate als auch den E-Mail-Verkehr. Mit zig Schlägen diktierte er mir, was ich zu Erna sagen sollte, wenn ich sie gleich anrief: „Du sagst der Fotze, dass du viele, sehr viele Leute kennst und die nur mit in das Unternehmen bringen wirst, wenn die Kohle stimmt! Los, nimm das Telefon und ruf die Schlampe an!" Verheult tat ich, was Rudi mir befohlen hatte, und hoffte, dass Erna endlich bemerkte, dass ich die Wahrheit gesagt hatte, dass ich nicht reden konnte und dass ich das vor allem nicht freiwillig machte. Als ich sie am Telefon hatte, suchte sie Lösungen und glaubte mir den Mist mit den noch mehr Leuten im Team. Ich sollte mich mit ihr treffen und zum Unternehmen fahren, da würde man dann eine Lösung finden.

Rudi hatte eine weibliche Person angeheuert, die sich für mich ausgab und Erna gegenüber, die scheinbar gar nicht bemerkte, dass ich es nicht war, am Telefon die Aussage getroffen, dass mein Sohn Alexander verstorben sei. Davon bekam ich aber erst Wind, als Lars anrief und sich beschwerte, weil er das Jugendamt auf der Matte stehen hatte. Und warum? Erna hatte einen Blumenstrauß zum Grab schicken lassen, der natürlich nicht ankam. Daraufhin informierte sie sich. Klar bekam sie nichts heraus, was das Grab anging, denn es gab keines, weil meine Kinder, in dem Falle mein Sohn, lebt! Doch alle Versuche, Lars klarzumachen, dass ich dieses Gerücht nicht in die Welt gesetzt hatte, waren umsonst. Er glaubte dem Idioten Rudi mehr als mir und beschimpfte mich noch als Geisteskranke. Das tat so weh! Dass er so was von mir dachte, war echt nicht mehr schön. Prompt verbot er mir, jemals im Leben meine Kinder wiederzusehen!

Da hatte ich endlich eine Frau kennengelernt, Erna, die mir helfen wollte, und sie bemerkte nicht einmal, dass ich in so kurzer Zeit keine eigene Entscheidung getroffen haben konnte. Ich stand als Mutter da, die ihre Kinder für tot erklärte, und konnte meine Unschuld nicht beweisen! Sie bemerkte einfach nicht, dass sie mit einer anderen Person telefoniert hatte. Mich schockierte das total.

Das war so abgefahren!

Da ich aber, weil Rudi mir alles genommen hatte, kein Geld mehr in der Tasche hatte, teilte ich Erna mit, dass ich nicht in der Lage sei, mich mit ihr zu treffen. Sie kündigte mir dreihundert Euro Spritgeld per Expressüberweisung an – inklusive der Leihgebühren, die Rudi für sein Fahrzeug verlangte. Das Geld ging damals direkt auf Rudis Konto. Das ließe sich doch nachweisen.

Wobei – war es Rudis oder Gerds Konto? Es könnte auch Gerds Konto gewesen sein – Gerd war Rudis guter Freund. Na ja, es ist auch egal, denn wenn das wichtig und ausschlaggebend wäre, ließe es sich über die Banken nachweisen bzw. im Archiv nachschlagen.

Von dem Geld bekam ich zwanzig Euro in bar sowie Rudis vollgetanktes Auto – mehr nicht! Alles andere steckte er sich ein. Das nenne ich mal ein ordentliches Plus fürs Nichtstun!

Wie konnte es sein, dass ein Strafvollzugsgänger mit solchen Schulden ein Fahrzeug besaß? Das fragte ich mich immer wieder. Die Antwort war eine ganz einfache. Dieses Fahrzeug war auf Gerds Namen angemeldet, weil Rudi, eben wegen seiner Schulden und weil er Strafvollzugsgänger war, keines angemeldet haben durfte. Jedoch hatte Gerd nur seinen Kopf dafür hergehalten, es war Rudis Auto. Wozu hat man Freunde? Mein Fahrzeug konnte ich ja nicht nutzen, da mein Ex-

Mann es wegen der Kinder und seines Jobs regelrecht beschlagnahmte und es nicht mehr herausgab.

Auf jeden Fall bekam ich vor dem Treffen mit Erna noch eine ordentliche Tracht Prügel. Rudi ohrfeigte mich mehrere Male und drohte: „Wenn du heute Abend keine zweitausend Euro mit nach Hause bringst – und wo du die besorgst, ist mir egal – und dazu zwanzig Stangen Zigaretten, wirst du die Nacht nicht mehr erleben!“

Ich sah diesen Termin als meine Chance an, die Flucht zu ergreifen. Mein Entschluss stand fest: Ich würde nicht wieder nach Hause zurückzukehren.

Als ich nach rund vierhundert Kilometern Fahrt ankam, traf ich das erste Mal auf Erna. In einem kleinen Restaurant unterhielten wir uns sehr angeregt. Ob sie die Hämatome sah, die unter meinem Schal verborgen waren, weiß ich nicht, aber ich war sehr darauf bedacht, dass ich sie so gut wie nur möglich versteckte. Wir saßen circa eine Stunde zusammen und fuhren dann zu dem Unternehmen, dessen Produkte sie vertrieb. Dort saß ich mit dem Chef, Erna und Georg, dem Vizepräsidenten, an einem Tisch. Es war eine lustige Runde und ich wäre danach am liebsten wieder gefahren, denn ich wollte das nicht. Reinen Tisch konnte ich aber auch nicht machen, denn Rudi forderte ja nur und hatte mir derart gedroht, dass ich verdammt noch mal Angst hatte. Letztendlich war es aber auch meine Chance, den Absprung von ihm zu schaffen und endlich wieder mein Leben zu leben – ohne diesen Mistkerl – und als Vertrieblerin durchzustarten.

Weil Rudi allen, auch Erna gegenüber, fälschlicherweise behauptet hatte, ich hätte Mietschulden bei ihm, halfen mir Erna und Georg. Sie liehen mir eintausendfünfhundert Euro in bar, abgehoben an einem Bankautomaten in der Nähe eines Supermarktes. All das wurde schriftlich festgehalten. Etwa drei oder vier Wochen später ließ Erna mir noch mal rund zweitausend Euro zukommen, damit ich durchstarten konnte. Ich freute mich auf meine neue Tätigkeit und blickte optimistisch nach vorn.

Nachdem ich mich von Erna und Georg verabschiedet hatte, rief ich bei einem alten Bekannten an und fragte ihn, ob ich vorerst bei ihm unterkommen könne. Ich erklärte ihm, dass ich mich dringend von Rudi trennen müsse. Er stimmte zu, sodass ich nur noch zu ihm fahren musste.

Da ich schon mal in alter und bekannter Gegend war, rief ich auch gleich meinen Ex-Kollegen Frank an und fragte ihn, wie es mit der alten Firma so laufe und was er mache. Prompt hatte er Zeit und Lust, mich zu treffen, und wir verabredeten uns in einem Fast-Food-Restaurant.

Gute zwei Stunden saßen wir dort und unterhielten uns, bis wir beschlossen aufzubrechen. Mein Heimweg war eine ganze Ecke weiter, denn mein Bekannter wohnte im Ruhrgebiet. Frank begleitete mich noch zum Auto und sah, als ich die Fahrertüre öffnete und den Fahrersitz nach vorn klappte, ein Handy unter dem Sitz liegen. Er fragte mich, ob ich das verloren hätte, ob es mir vielleicht aus der Tasche gefallen sei. Ich verneinte die Frage und hob das Handy auf. Wem das wohl gehörte? Ich hatte keine Ahnung. Komisch, es war ein Klebestreifen dran. Scheinbar hatte es jemand unter den Sitz geklebt, von wo es heruntergefallen war. Erst ein paar Stunden später sollte sich herausstellen, dass dies Rudis Werk war. Über das GPS-Signal des Handys wusste er nämlich stets, wo ich mich gerade aufhielt.

Während meiner Fahrt ins Ruhrgebiet rief Rudi mich auf meinem Handy an, doch ich ignorierte es. Als er es immer wieder versuchte, ging ich irgendwann ran. Sogleich brüllte er los. Da ich ihm keine konkrete Antwort auf die Frage gab, was ich von Erna erhalten hatte und was noch zu erwarten war, wurde er zunehmend sauer und ich legte immer wieder auf, bis ich es leid war und behauptete, die Polizei würde vor mir fahren. Für eine Weile hatte ich nun meine Ruhe.

Am Abend rief er mich wieder an. Ich war gerade von der Autobahn abgefahren und hatte einen Rastplatz mit Tankstelle angesteuert, weil mir die Augen zufielen. Genervt ging ich ans Handy. „Na, mein Herzchen! Wo bist du? Was machst du? Hat alles geklappt?“, horchte er mich aus. „Ja, es hat alles so weit geklappt!“, sagte ich und dachte an das Geld, welches ich am liebsten sofort zurückgegeben hätte. „Was heißt so weit?“, fragte er mit grimmiger Stimme. „Ja, also, ich habe keine drei-, vier- oder fünftausend Euro!“, antwortete ich leise. „Du bist ja wohl zu blöd, um zu sterben! Mach dich auf ein blaues Wunder gefasst!“, schrie er und legte auf.

Oh Mann, am liebsten wäre ich einfach nur gefahren – irgendwo hin.

Keine fünf Minuten später rief er ein weiteres Mal an. Ich nahm das Gespräch an, nur um mir anhören zu müssen: „Wenn du es dich auch nur wagen solltest, nicht zu mir zurückzukommen, und wenn du keine mindestens zwanzig Stangen Zigaretten mitbringst, dann kannst du sehen, wo du bleibst! Hast du mich verstanden?“

Was für eine Scheiße! Da hatte ich mal gar keine Lust drauf!

Erschöpft und völlig übermüdet musste ich eingenickt sein. Nach etwa einer dreiviertel Stunde wachte ich auf, weil mein Handy Sturm klingelte. „Du bist ja immer noch da, wo du eben warst!“, schrie er. „Nein, bin ich nicht! Keine Panik. Ich bin bald bei dir“, sagte ich genervt. „Lüg mich nicht an, du stehst immer noch auf derselben Stelle!“ Er hörte nicht auf, mich anzubrüllen. Ja, super! Nun war ich so weit von ihm entfernt und er wusste dennoch, wo ich mich befand? Wie ging das?

Als ich dann telefonierte und mich bei meinem Bekannten über meine andere Handynummer, die ich mir vorsorglich zugelegt hatte, ausheulte, riet er mir: „Versuch das Handy, das du gefunden hast, wieder zu befestigen. Bestimmt ortet er das GPS-Signal und weiß deshalb so genau, wo du bist!"

Ich nahm das blöde Ding, das ich am liebsten in den Müll geschmissen hätte, und befestigte es wieder unter dem Sitz. Hoffentlich blieb es dort kleben. Dann ging ich in den Tankstellenshop, kaufte einige Stangen Zigaretten und ließ mir eine Quittung geben, damit ich ja meine Ruhe hatte. Schließlich fuhr ich zurück in meinen Wohnort – und wieder einmal in die Höhle des Löwen.

Noch bevor ich auf den Hof fuhr, kam Rudi aus dem Haus gestürmt, öffnete die Fahrertüre und schrie mich an: „Wo kommst du her? Warum ist dein Handy aus!" An den Armen zerrte er mich aus dem Auto.

Ihm passte nicht, dass die Zigaretten für alle sichtbar im Auto lagen. Klar, wenn man bedenkt, dass dies Kippen vom Schwarzmarkt sein sollten. „Spinnst du eigentlich, das so auffällig zu machen!", brüllte er. „Du bist zu doof, einen Eimer Wasser umzukippen!" Er schnappte sich die Zigaretten und ging in sein Büro. Erstaunlicherweise fragte er nicht nach dem Geld.

Ich selbst hatte danach keinen Zugriff mehr auf diese Zigaretten und auch sonst auf nichts von dem, was Rudi mir in all der Zeit abgenommen hatte. Er schloss alles in seinem edlen Sperrmüllbüro ein.

Als Rudi aus seinem Büro kam, war er auf einmal lieb und nett. Er wollte sogar Sex, aber das wollte ich nicht. Und doch musste ich es über mich ergehen lassen, weil er die Finger nicht bei sich behielt. Ich wehrte mich gegen seine Nähe und seine komischen Zärtlichkeiten, bis er mich würgte und mir zu verstehen gab, dass es nicht darum ging, was ich wollte. Nur seine Bedürfnisse waren wichtig. Mit seinem dicken und schweren Oberkörper lag er auf mir, spreizte meine Schenkel, riss meine Strumpfhose auf, schob meinen Slip beiseite und drang stöhnend und mit fiesem Mundgeruch in mich ein. Das war so widerlich! Als er fertig war, was zum Glück sehr schnell ging, legte er sich hin, hielt mich fest in seinen Armen und ließ mich nicht einmal aufstehen, um ins Bad zu gehen. So wimmerte ich vor mich hin und zitterte am ganzen Leib, bis ich irgendwann total erschöpft einschlief.

Als ich am nächsten Morgen immer noch zitternd aufwachte, war Rudi schon auf und saß in seinem Büro. „Mach mir einen Kaffee!“, schrie er und ließ sich bedienen. Ich brachte ihm seinen Kaffee und ging duschen, um mich dann zurechtzumachen.

Als ich das Geld, das Erna und Georg mir geliehen hatten, suchte, staunte ich nicht schlecht. Es war weg! Und ich hatte es extra in einer kleinen Reißverschlusstasche versteckt. Total sauer stürmte ich in Rudis Büro, wo er frech grinsend mit seinem fetten Hintern auf dem Stuhl saß und telefonierte. Mit einer Handbewegung schickte er mich raus. Ich hörte noch, wie er seinen Gesprächspartner „Liebste“ nannte. Oh warte ab, dachte ich mir nur.

Als er das Gespräch beendet hatte, kam Rudi in die Küche gerannt. Ich hatte Tränen in den Augen, denn er verarschte mich offensichtlich nach wie vor und bestahl mich auch noch.

„Was fällt dir ein, mich zu stören? Du hast meine Türe nicht einmal zu berühren!“, schrie er. „Was willst du Schlampe überhaupt schon wieder?“ Er sah mich mit diesem ewig bösen Blick an. „Was ich will? Ich will mein Geld wiederhaben!“ Auch ich schrie jetzt. „Was für Geld?“, fragte er, kam auf mich zu und schlug mir seine Hand mitten ins Gesicht. „Du hast nichts weiter als Schulden! Und wenn du auf dein Geld nicht aufpassen kannst, dann hast du Pech gehabt!“ Zwei weitere Schläge trafen mein Gesicht. Ich trat einen Schritt zurück. „Es reicht, du Arschloch! Ich lasse mir das nicht länger von dir bieten!“ Ich wollte gehen, aber Rudi hielt mich am Arm gepackt und zog mich mehrfach vor den Türrahmen. Höllische Schmerzen durchfuhren meine Oberarme und meinen Rücken. Als er sich endlich umdrehte und durch den Flur zu seinem

Büro ging, brüllte ich ihm hinterher: „Du kannst mich mal, du Arschloch! Damit kommst du nicht durch! Ich rufe jetzt die Polizei!“ Erbost kam er zurück und schlug mich erneut. „Dir glaubt eh niemand mehr! Du Hure!“ Dann hielt er mir das Bündel Banknoten, bestehend aus dem gestern erhaltenen Geld, meinem Ersparten sowie unter der Hand verdientem Geld, unter die Nase. „Beweise, dass das dein Geld ist! Aber das kannst du nicht!“ Er steckte das Geld wieder ein und ging.

Verzweifelt gab ich auf. Im Bad wischte ich mir das Blut ab, das mir aus der Nase lief, und hatte Mühe, mich wieder zu beruhigen. Wie kam ich nur aus diesem Irrenhaus heraus? Keine andere Frage beschäftigte mich so sehr wie diese.

Nun denn, ich versuchte, nach außen hin locker zu bleiben und die nächstbeste Gelegenheit dafür zu nutzen, hier wegzukommen. Doch das gestaltete sich schwieriger als gedacht. Mir ging es ja nicht nur beschissen, sondern mir bereitete auch Rudis Nachbohren, was meine Geschwister, meine Kunden und so weiter anging, Angst und Schrecken! Was hatte er vor, warum interessierte er sich so für die alle? Ich verstand das nicht!

Als er mir eröffnete, dass er noch mal kurz wegmüsse, hockte ich mich heulend in die Ecke. Ich war zu nichts mehr in der Lage!

Zu meinem Entsetzen war Rudi schon bald zurück. Er sah mich Häufchen Elend in der Ecke sitzen, kam zu mir, nahm mich in den Arm und sagte ganz leise: „Herzchen, dein Bruder Benedikt ist gestorben!"

Ich verstand das nicht!

Was war passiert? Benedikt war tot? Im ersten Moment fiel ich auf Rudis Lügengeschichte rein, aber als er dann nachhakte, wo denn mein Bruder seine Werkstatt oder seine Wertsachen, was Wertvolles hätte und dass man mir auf keinen Fall das Erbe vorenthalten dürfe, wurde ich misstrauisch. Ich ließ mir nichts anmerken und war einfach nur wachsam!

Als ich zu all seinen Fragen schwieg, kehrte Rudi wieder das brutale Arschloch raus. Aber ich kannte ihn ja nicht anders!

Nach einigen Tagen ging er mir so auf den Sack, dass ich ihm erklärte, es sei das Allerletzte, was er mir da an Märchen auftische und dass er dabei auch noch andere mit in den Dreck ziehe. Rudis Reaktion ließ nicht auf sich warten. Er sprang auf, rannte auf mich los und schlug mir mit beiden Fäusten erst auf den Kopf und ließ dann auch den übrigen Körper nicht aus. Ich schrie und schrie und schrie, aber niemand hörte mich. Was für ein Albtraum! Das konnte doch alles nicht wahr sein! Warum machte er das? Was zur Hölle hatte ich ihm getan?

Ich nahm das alles mal wieder so, wie es kam. Etwas anderes hätte ich eh nicht gekonnt. Irgendwann kroch ich zu meinem Bett und schlief entkräftet ein.

Dass Rudi einige Zeit später, als ich endlich den Absprung geschafft hatte, meinem Bruder Benedikt die besten und genialsten Lügengeschichten erzählte, war zu erwarten. Aber was er da vom Stapel ließ, war absolut nicht tragbar! Zu Recht war Benedikt sauer und wollte mir weder zuhören noch Kontakt mit mir haben! Wie ich heute weiß, ist er eine ebenso linke und verlogene Sau wie meine ach so tolle Familie – und Rudi ist es auch.

Gesundheitlich ging es mir wegen immer wiederkehrender und abnormer Blutungen sehr schlecht. Wie sich herausstellte, litt ich an einer akuten Blutarmut.

An dem Tag, als Rudi wieder in den offenen Vollzug ging und mir immer mehr das Nasenbluten zu schaffen machte, lag ich stundenlang auf der Couch. Ich war kraftlos, schlapp, müde, zu fast nichts mehr imstande. Es war mir nicht möglich, mich auch nur ein paar Minuten auf den Beinen zu halten. Seltsamerweise war Rudi dann doch besorgt. Da er sein kleines Handy in einer eingenähten Gürteltasche in den Vollzug eingeschleust hatte, war er in der Lage, SMS zu schreiben und spät abends sogar zu telefonieren. Dass das niemandem auffiel, war mir ein Rätsel, denn wofür waren sonst die Kontrollen da?

So schickte er mir seinen besten Freund Gerd vorbei. Dieser kam, klingelte und sah das Elend. Aber was ihm viel wichtiger war als Fürsorge, war, mich noch im Flur stehend rund zu machen. „Du bist genau wie alle anderen Weiber – zu nichts zu gebrauchen! Niemand wird dir jemals glauben! Wage es nicht, auch nur einen Mucks von dir zu geben, sonst muss ich dir was antun, und das wird dir nicht gefallen. Wir haben dich im Auge!"

Ich sagte nichts dazu und brach vor seinen Augen zusammen! Gerd ließ das nicht kalt. Er half mir wieder auf die Beine und bot an, mich ins Krankenhaus zu fahren. Doch das lehnte ich ab, weil es mir nicht geheuer war. Ich bat ihn, mich in Ruhe zu lassen und zu gehen. „Ruf mich an, wenn was ist, ich komme dann rüber!", waren seine Worte, als er meiner Bitte nachkam.

Als Gerd weg war, legte ich mich wieder hin und war erstaunt und erschrocken darüber, dass ich ihn so falsch eingeschätzt hatte. Dass er und Rudi zusammenhielten und jeden aus dem Weg räumten mit all ihren abgesprochenen Lügen, hatte ich schon mehrfach erfahren, und doch war Gerd nicht der Typ Mensch, der zu manch schlimmen Dingen fähig war. Er schien mir eher als der Mitläufer, der für Geld alles tat.

Meine Menschenkenntnis lässt mich für gewöhnlich nicht im Stich! Aber irren ist bekanntlich menschlich, und vielleicht irrte ich mich auch nur wieder und sah vor lauter Lügen, die Rudi in die Welt setzte, nicht mehr, was und wie die Menschen, um die es ging, wirklich waren.

Ich kroch ins Wohnzimmer und legte mich auf das Sofa mit dem festen Entschluss, schon bald ins Krankenhaus zu fahren und mich untersuchen zu lassen.

Ich rief noch meinen Anwalt an und fragte ihn um Rat. Aber er meinte, dass, egal wie oft Rudi mich noch zusammenschlug, die Polizei mir kein Wort glauben würde. Der Stempel, den sie mir in der Vergangenheit aufgedrückt hatten, ließ sich nicht mehr wegradieren.

Ich musste also erst im Graben liegen, damit sie mir glaubten? Was für eine Scheiße! Und doch ging ich, nachdem Rudi mich wieder mal zusammengeschlagen hatte, zur nächsten Polizeiwache.

Alles, was dem Beamten in seinem Büro einfiel, war mal wieder die Frage: „Haben Sie das nur gefühlt oder hat Ihnen tatsächlich jemand etwas zugefügt?“ Da hörte der Spaß für mich auf, was ich ihm auch ganz klar zu verstehen gab. Er nahm die Anzeige auf und wiederholte seine Frage andauernd, bis ich ihn dazu aufforderte, es mir klipp und klar zu sagen, wenn er mir nicht glaubte. Der Idiot konnte doch sehen, wie ich zugerichtet war! So kürzte er die Anzeige ab und am Schluss unterschrieb ich den Wisch. Bevor ich die Wache verließ, bekam ich noch zu hören: „Wir können erst was machen, wenn was passiert, vorher nicht!“ Letztendlich verlief die Sache im Sande. Kein Wunder, wenn hier alle an meiner Aussage zweifelten!

Ich war so sauer, und jeder, dem ich davon berichtete, wollte mir zunächst helfen, wusste aber nicht wie. Teilweise – und ich gebe ja zu, dass sich viele Dinge wie in einem Krimi anhören und skurril oder auch dubios, aber dennoch wahr waren – ließen sie sich ängstigen und nahmen auf einmal Abstand von mir.

Mit Lars war ich zu einer Einigung gekommen, sodass ich endlich meine Kinder einmal sehen durfte und sie auch bei mir hatte. Eines Tages erhob Rudi gegenüber meinem Sohn Maximilian die Hand und maulte ihn ständig an. Von da an war mir klar, dass nun wirklich Schluss sein musste. Ich brachte meine Kinder in Gefahr, was ich nicht wollte, und ließ den Kontakt erst einmal wieder abflauen. Lars jedoch glaubte mir nicht, dass Rudi, der ja seiner Meinung nach so liebevoll, beschützend und nett sei, in Wirklichkeit das brutale Arschloch war. Er nahm den Mann nicht nur in Schutz, sondern sagte auch noch: „Hoffentlich schlägt er dich tot!“ Da blieb mir fast die Spucke weg! Was hatten die nur alle? Langeweile und Lust auf einen Live-Krimi?

Diejenigen, die helfen wollten, aber keinen Arsch in der Hose hatten, schickte ich weg, denn die Idioten, mit denen ich es zu tun hatte – sei es Rudi, Gerd, Mike oder wer auch immer –, die waren stets zu allem bereit. Auch Herr Börgens, ein jahrelanger Bekannter, mit dem ich eine Affäre hatte und mich sehr gut verstand, wusste bereits von allem, als wir uns nach einer Pause wiedertrafen. Er schüttelte nur den Kopf und ließ mich wissen, dass es wirklich so sei, dass die Behörden erst etwas unternehmen, wenn es zu spät ist.

Oh Mann, es zerbricht mir das Herz, wenn ich darüber nachdenke, wie die Polizisten mit mir umgingen. Wie konnten sie nur so kalt und grausam sein? Ich hatte eine solche Angst, dass ich schon gar nicht mehr ins Krankenhaus fahren wollte. Die würden mich doch eh alle nur für die psychisch kranke Frau halten, der man besser nicht glaubte.

Ich brach nun immer öfter zusammen und wurde bewusstlos. Sogenannte Synkopen, also Ohnmachtsanfälle, machten mir zu schaffen und es blieb mir nichts anderes übrig, als doch den Weg in die Klinik zu suchen. Das war ja kein Zustand mehr.

Zunächst erfuhr ich, dass ich an Blutarmut litt. Die Ärzte versuchten herauszufinden, warum das so war, und machten eine Magenspiegelung, ein CT, aber es kam nichts weiter dabei heraus. Als ich auch im Krankenhaus mehrmals zusammenbrach, wollten die doch glatt eine Darmspiegelung machen, die ich jedoch verweigerte. Die hatten doch alle einen Knall!

Meine Ärztin pochte aber auf die Untersuchung und schlug einen Ton an, der alles andere als angenehm war. Zu der Zeit des Gesprächs lag ich schlapp, kraftlos und ohne einen Funken Energie im Bett und erlitt einen Ohnmachtsanfall, der länger als zwanzig Minuten dauerte.

Das war der Hammer. Ich erinnere mich nur noch daran, dass ich auf der Intensivstation aufwachte und die Blutkonserven sah. Ja, man gab mir künstlich hergestelltes Blut, nicht wie 2004 Fremdblut. Und siehe da, es wurde langsam besser. Doch sobald ich keine Konserven mehr bekam, trat wieder die Blutarmut ein.

Zudem hatte ich ein Gespräch mit einem Neurologen, der meine Sorgen um die Kinder und die Gewaltbereitschaft meines „Partners" nicht ernst nahm. Er verschrieb mir antiepileptische Medikamente, die ich aber nur einmal nahm. Wozu sollte ich die auch nehmen? Ich hatte ja kein psychisches Problem!

Dennoch stand im Entlassungsbrief neben vielen anderen Erkrankungen und Diagnosen: Depressionen!

Ich hatte aber keine Depressionen, sondern ein Problem, doch das wollten die nicht wahrhaben.

Auf jeden Fall teilten mir die Ärzte mit, dass sie eine Blutungsquelle vermuteten, aber nicht wüssten, wo diese in meinem Körper sei. Deshalb müssten noch einige Untersuchungen stattfinden, die ich aber, wie zuvor die Darmspiegelung, ablehnte.

Rudi kam zu Besuch und machte mich sogar noch auf der Intensivstation rund. Nichts als Geld hatte er im Kopf. Ich sollte, egal woher und wie auch immer, besorgen, was er zum Leben brauchte! Angeblich ließ ich ihn verhungern und nahm ihn aus wie eine Weihnachtsgans!

Das war so eine peinliche Vorstellung. Der arme Mann! Von mir aus hätte er verrecken können! Dieser Heuchler, faule Sack, Heiratsschwindler, brutale Frauenschläger, dieser Straftäter! Mir war es egal geworden, was er wollte, denn ich hatte anderes im Kopf. Um das bisschen, was ich noch besaß, für mich zu behalten, erklärte ich ihm, dass jemand mein Geld habe. Ich nannte noch den Namen – es handelte sich um meinen damaligen Trauzeugen –, als Rudi mich am Hals packte und mich würgte.

In dem Moment kamen der Arzt und die Schwestern rein, um mich zu einer erneuten Magenspiegelung abzuholen. Rudi ließ von mir ab und wurde von dem Arzt ermahnt. Weil er sich die Nummer meines Trauzeugen noch nicht vollständig notiert hatte, versperrte er den Ausgang, bis er von mir bekommen hatte, was er wollte. „Verlassen Sie jetzt das Zimmer, sonst müssen wir Maßnahmen ergreifen!“, hörte ich den Arzt brüllen, ehe ich aus dem Zimmer geschoben wurde.

Weil bei dieser Untersuchung auch wieder nichts herauskam und die Blutungsquelle nicht auffindbar war, stand fest, dass weitere Untersuchungen angestrebt werden mussten. Die Ärzte hatten ein bereits bekanntes gynäkologisches Problem abgeschmettert und behaupteten, dass es so was nicht gebe. Na gut, dachte ich, wenn sie mir nicht glauben, was der Frauenarzt mir gesagt hat, dann lass sie mal suchen! Immer noch verweigerte ich die Darmspiegelung. Ich war doch erst siebenundzwanzig Jahre alt, warum sollte ich eine machen lassen? Noch so richtig nach alter Methode, mit Einlauf und so. Ne ne, ich nicht, das konnten die mit sonst wem machen, aber sicherlich nicht mit mir!

Auf jeden Fall kamen wir so nicht weiter.

So oft, wie Rudi da war, so viel Druck machte er mir. Zudem rief er ständig an und war sauer, wenn ich nicht erreichbar war. Und wenn ich doch mal ranging, schnauzte er mich an und drohte mir, sodass mir nur eines blieb: auflegen!

Tolle Rücksichtnahme!

Als er eines Tages wutentbrannt, weil ich zuvor mehrmals einfach aufgelegt hatte, zu mir ins Krankenhaus kam, packte er mich und zwang mich, die Klinik auf eigene Gefahr zu verlassen, mich also selbst zu entlassen. Er befahl der Schwester, die entsprechenden Papiere zu holen, und nötigte mich dann, diese zu unterschreiben.

Super, das klappte ja mal toll mit dem Genesen! Und die Klinik schaute dabei zu, wie eine Patientin heulend etwas unterschrieb, was sie nicht wollte. Niemand hinderte mich daran, niemand sagte etwas dazu! Ich kam mir vor wie in einem schlechten Film!

Rudi fuhr mich nach Hause, und schon ging das Theater weiter. Wieder schlug er mich, wenn ihm danach war, wieder benutzte er mich, und wieder machte er, was er wollte. So konnte ich ja nicht gesund, sondern nur noch kranker werden!

Rudi, der immer nur eines im Kopf hatte, nämlich zu Geld zu kommen, hatte sich eine neue Masche ausgedacht. Diesmal zwang er mich, zu verschiedenen Autohäusern zu fahren und Fahrzeuge für eine Probefahrt auszuleihen. Da war ja nichts dabei, also tat ich das. Ich sollte sagen, dass wir uns Firmenfahrzeuge anschaffen wollten, und nahm immer einen Wagen zur Probe mit. Mal einen mit rotem Kennzeichen, mal einen, der auf das Autohaus zugelassen war. Mal nur ein paar Stunden, mal ein paar Tage.

Alles gut und schön. Doch als mich Rudi einige Tage später mit Prügel zwang, wieder ein Auto zu holen, wurde er gewalttätig, weil ich ihm den Willen verweigerte. Er schlug mich, fasste mir in den Nacken und zwang mich zu Boden. Als ich da so lag, trat er auf mich ein. Herrje, ich wollte nicht mehr, ich konnte nicht mehr! Das war doch kein Leben!

„Du wirst machen, was ich dir sage!“, schrie er mich an. „Du holst das Auto und vertickst es an einen Import. Erzähl denen eine Story von wegen altem Firmenbestand oder ehemaligen Schuldnersachen oder Geschäftsaufgabe – lass dir was einfallen! Liegen heute Abend keine fünftausend Euro auf dem Tisch, knallt es!“

Fahrzeuge verticken

Eigentlich wollte ich die Polizei holen, aber daraus wurde nichts! Denn als ich nach meinem Handy griff, noch laut vor mich hin redete, dass ich die Polizei rufen werde, und gerade wählen wollte, erhielt ich einen Anruf. Ich solle mir ja nicht einfallen lassen, auch nur irgendjemanden anzurufen. Der Anrufer sagte, er würde genau sehen, was ich tue.

Verwirrt sah ich mich um und suchte nach einer Kamera, fand aber keine.

Prompt ging wieder das Telefon. „Wage es nicht, im Haus nach irgendetwas zu suchen!" Nun reichte es mir und ich legte auf. Ich verstand nicht, was vor sich ging, und überlegte, wie ich telefonieren konnte, ohne mein Handy zu benutzen. Um überhaupt irgendetwas zu tun, zog ich mich um und wollte gerade das Haus verlassen, als ein Kerl vor der Haustüre stand und mich wieder reinschob.

Ja, wieder reinschob! Er drückte mich an die Wand, griff mir an den Hals und drohte mir! Was sollte ich jetzt noch machen? Ich war denen ausgeliefert und hatte keine Chance, dem ganzen Mist zu entkommen!

Also gut, ich besorgte Rudi das Fahrzeug und machte mit dem Interessenten einen Deal aus. Dieser kam und hielt mir einen Kaufvertrag unter die Nase. Er wollte eintausend Euro anzahlen, zahlte aber tatsächlich zweitausend Euro, damit das Fahrzeug nicht an einen Höherbietenden verkauft würde. Dann wollte er eine Ausweiskopie von mir haben. Da ich aber keine Lust auf diesen Mist hatte, behauptete ich, ich hätte meinen Ausweis verloren. Das stimmte sogar! Brummig zog der Mann – es war ein Ausländer – ab und meinte, dass ich ihn anrufe solle, sobald ich mich ausweisen könne.

Kaum war er weg, kam das Grauen in Form von Rudi und Mike, Rudis Freund und Arbeitgeber. Nachdem sie mich verprügelt hatten, sperrten sie mich gefesselt in den Keller und nahmen meine Papiere mit. Dass jemand klingelte, vielleicht so eine Stunde später, bekam ich zwar mit, aber ich konnte nicht schreien oder sonst wie auf mich aufmerksam machen, da mein Mund verklebt und meine Hände zusammengebunden waren.

Es stellte sich heraus, dass die beiden Arschlöcher den Käufer des Wagens wieder zurückgerufen und ihm eine Märchengeschichte erzählt hatten. Sie hatten ihm eine Kopie meines vorläufigen Ausweises gegeben und im Auftrag mit meinem Namen den Kaufvertrag unterschrieben. Das Geld, das der Käufer dagelassen hatte, lag noch in Rudis Büro und die beiden rissen es sich unter den Nagel. Doch warum hatte der Käufer nicht nach den Papieren gefragt? So kauft man doch keine Fahrzeuge!

Als Rudi und Mike mich aus dem Keller holten, erlebte ich wieder mein blaues Wunder. Es gab kaum noch eine Stelle an meinem Körper, die nicht von ihren Schlägen und Tritten gezeichnet war. Sie drohten mir, wie ich es schon kannte, und ich nahm an, dass sie mich gleich mit dem nächsten Scheiß überrumpeln würden.

Und tatsächlich! Gleiches Spiel, gleiche Masche.

Am liebsten hätte ich den neuen Auto-Ankäufer darauf hingewiesen, dass er das Geschäft nicht machen solle, aber wie hätte ich das unbemerkt tun sollen? Ich war so fertig mit den Nerven, dass ich es nicht schaffte, klar zu sagen: „Bitte, das ist Betrug, der hier geschieht. Ich werde dazu gezwungen!“ Zumal ich ja überwacht und selbst während der Unterzeichnung des Kaufvertrages angerufen und bedroht wurde!

Zum Kotzen!

Der Typ ging und ich stand wie ein Ochse vor dem Berg. Ich nahm das Geld und dachte mir, dass es oben auf dem Dachboden sicherlich niemand finden würde. So ging ich hoch, schob den kleinen Kleiderschrank beiseite, der den Zugang zum Dachboden verdeckte, und öffnete die Türe dahinter. In dem Moment, als ich durch die Türe ging, packte mich jemand von hinten.

Oh fuck! Jetzt reichte es! Es war Mike, der mir das Geld abnahm und mir gleich noch eine verpasste, ehe er ging und schrie: „Schönen Gruß von Rudi!"

So eine verdammte, elendige Scheiße! Und ein Ende war nicht in Sicht! Wie kam ich aus der Nummer wieder raus? Wie? Und das bitte schnell!

Ich wusste es nicht.

Meine gesundheitlichen Beschwerden nahmen weiter zu. Ich suchte einen Gynäkologen auf, der mir riet, die Gebärmutter entfernen zu lassen, vorausgesetzt, die Frage nach dem Kinderwunsch sei abgeschlossen. Man würde mir dann aber die Eierstöcke lassen, damit ich nicht mit siebenundzwanzig in die Wechseljahre käme.

Knallharte Entscheidung!

So kam der Tag, Ende September 2009, an dem ich ins Krankenhaus ging, weil am nächsten Tag die Operation anstand. Der Eingriff war wohl recht kompliziert und es gab keinen OP-Bericht in diesem Sinne, weil der Operateur zugleich mein niedergelassener Frauenarzt und Belegarzt des Krankenhauses war.

Ich musste nicht lange im Krankenhaus bleiben. Die Nachwirkungen waren auch nicht so schlimm, wie ich angenommen hatte. Außerdem hatte das Ganze auch was Gutes – keine monatlichen Blutungen mehr und den Verzicht auf Verhütungsmittel, denn mir konnte ja nun nichts mehr passieren. Okay, ich meine nicht, dass man Kondome grundsätzlich weglassen sollte, denn es gibt schließlich auch Krankheiten, die man sich einfangen kann, aber generell für in einer Partnerschaft lebende Menschen ist es schon eine gute Sache, wenn man sich über Verhütung keine Gedanken zu machen braucht.

Im Krankenhaus besuchte mich Rudi nur, wenn es was zu stänkern gab oder wenn er etwas von mir wollte. Was er in meiner Abwesenheit machte, entzieht sich meiner Kenntnis. Ich erinnere nur, dass er mich bei jedem Besuch rund machte und von angeblich „guten“ Geschäften sprach.

Zu meinem Erstaunen ließ er, als ich wieder zu Hause war, eine Weile seine Hände von mir. Doch seine Worte waren irgendwann genauso übel wie die Schläge, die er mir regelmäßig verpasste.

Eines Tages kam Rudi auf den glorreichen Trichter, ein klärendes Gespräch mit mir zu suchen. Dabei erzählte er von seinen Geldsorgen, davon, dass er für seine Firma, die sich gerade als GmbH aufbaue, rein und schuldenfrei sein müsse, dass er sich selbst ja sein Gehalt beschaffen müsse, weil sein Chef ihm ein richtiges Gehalt aus der Firmentasche bezahle, und so weiter. Aber er sagte auch, dass es ihm leidtue, wie er mich behandle. Der Knast hätte ihn kaputt gemacht und er habe Angst. Dennoch müsse ich lernen zu lernen! Ich müsse hörig sein, denn eine gute Frau an seiner Seite habe so und nicht anders zu sein. Er hätte das alles nur bedingt gewollt und erwarte nun von mir, dass ich als Entschädigung Unterhalt an ihn zahle. Dann sei das Affentheater vom Tisch und vergessen!

Ja holla die Waldfee! „Kackendreist" wäre noch zu milde ausgedrückt. Ganz schön abgewichst, der gute Rudi! Ich staunte nicht schlecht über diese Masche.

Einmal Dealer, immer Dealer!

Und was machte ich? Ich rieb ihm unter die Nase, dass er ja, wie er mir bereits eröffnet hatte, Kontakte zur Drogenszene habe und da doch sicher was machen könne. Ich bot an, ihm dabei behilflich zu sein. Wenn er so weitermachte wie früher, würde ich das Zeug für ihn verkaufen, damit man ihn nicht mehr belangen konnte, wenn es hart auf hart kam.

Ja leck mich am Arsch, Rudi sprang darauf an! Er meinte, es sei eine gute Idee! Ich lachte mich innerlich schlapp. Kaum zu glauben, wenn man bedenkt, dass er noch im offenen Vollzug saß. Aber es war so.

Er nahm also meinen Vorschlag an, wollte sich um die Kontakte kümmern und mir dann Bescheid geben.

Kurz darauf fuhr Rudi mit mir in eine andere Stadt. Wir besuchten dort Feste, unter anderem Schützenfeste. Dabei begegnete er – angeblich zufällig – einem Paar, welches Hunde-Betreuung anbot. Laut Rudi war es ein alter Kontakt, der nun wieder aufblühte. Der Mann, an dessen Namen ich mich nicht erinnere, weil er mir nur kurz vorgestellt wurde, war daraufhin regelmäßig bei uns zu Besuch. Er kam aus der Szene. „Szene“ insofern, dass er offensichtlich Drogengeschäfte abwickelte.

Der Typ gefiel mir gar nicht. Er war schmierig und einfach nur dubios!

Eines Tages stand ich an der Bürotür und belauschte die beiden eine Weile. Dann hörte ich diesen Mann zu Rudi sagen: „Gut, also machen wir den Deal klar! Besorg mir den Stoff, dann kannst du wieder ein schickes Leben führen!"

Ich staunte nicht schlecht und speicherte diese Information erst einmal in meinem Kopf ab.

Zwei Tage später kam Rudi zu mir und meinte, dass ich mich im Ruhrgebiet nach dem ein oder anderen Kontakt zu Dealern und Großabnehmern am Bahnhof und an anderen Anlaufstellen umhören solle.

Jetzt wurde es interessant!

Ich tat so, als wenn ich Connections hätte, und sagte ihm ein paar Tage später, dass wir die Drogen – das Kokain – holen können. Gemeinsam fuhren wir nach Dortmund, wo ich in der Nähe des Bahnhofes ausstieg und mich in den Zug setzte. Rudi war in dem Glauben, dass die Übergabe des Rauschgifts im Zug stattfinden würde.

In der nächsten Stadt stieg ich aus, holte mein Auto, das bei meinem Ex-Mann stand, und fuhr auf die Autobahn.

Wie aus dem Nichts tauchte Rudi irgendwann mit seinem Wagen hinter mir auf. Oh je, wie sollte ich aus der Nummer wieder rauskommen?

Ich wurde immer langsamer und hoffte, dass er mich irgendwann überholen und verschwinden würde. Dem war aber nicht so.

Okay, dachte ich, dann warte ich auf den nächsten Schwung Autos und reihe mich zwischen ihnen auf der Überholspur ein. Und tatsächlich dauerte es nicht lange, bis einige Fahrzeuge dicht hintereinander angedüst kamen und ich mich dazwischen einreihen und mich somit von Rudi entfernen konnte.

Rudi bekam zunächst gar nicht mit, dass ich nicht mehr vor ihm fuhr. Als er es merkte, rief er mich an. Ich reagierte nicht und ließ es klingeln. Da mein Auto, auch wenn es alt war, einiges unter der Haube hatte, trat ich das Gaspedal durch und fuhr gute hundertsechzig Stundenkilometer, was mir einen enormen Vorteil verschaffte. An der nächsten Abfahrt verließ ich die Autobahn und suchte mir einen Schleichweg. Als ich irgendwann einen von Rudis Anrufen annahm, war er stinksauer. Doch mir war das scheißegal!

Ich wartete gute vierzig Minuten und fuhr wieder auf die Autobahn, um das Auto zurückzubringen, ehe Lars sich auch noch aufregte.

Schließlich fuhr ich mit dem Taxi nach Hause. Herrje, war das teuer! Ausreichend Bargeld hatte ich nicht mit, aber der Taxiunternehmer kannte mich und ließ mich anschreiben.

Rudi wartete schon im Flur auf mich und schlug ununterbrochen auf mich ein, bis ich zu Boden ging und nur noch Sterne sah.

In der Nacht überlegte ich, wie ich endlich aus diesem Kreis und aus Rudis Fängen entfliehen konnte, doch mir fiel kein Weg ein. Mein Schädel brummte, mein Rücken schmerzte, meine Arme und Knochen taten mir weh. Eben all die Stellen, auf die Rudi eingeprügelt hatte.

Wen hätte ich um Hilfe bitten sollen? Viele meiner Mitmenschen hatte ich in den letzten Monaten vor den Kopf gestoßen, indem ich auf die von ihnen angebotene Hilfe verzichtet und mich trotz allem nicht von Rudi getrennt hatte. Und mein Ex-Mann hielt mir immer wieder vor – selbst heute sagt er es noch: „Hoffentlich wanderst du in den Knast, für immer!“

Da blieb nicht mehr viel Auswahl an Menschen, die ich um Hilfe hätte bitten können.

Als dieser Mann am nächsten Tag wieder da war, belauschte ich ihn und Rudi durch die geschlossene Bürotür. Und siehe da, der Kerl sagte doch tatsächlich: „Rudi, Mensch, pass auf, wenn die das nicht kann, dann lass uns das besser selber machen!“ Damit war klar, dass ich nie eine bessere Chance erhalten würde, ihn legal loszuwerden. Die beiden sprachen ab, dass Rudi den Kauf persönlich arrangieren würde und der Kerl nur noch den Stoff entgegennahm. Rudi sollte eine Beteiligung in Höhe von siebzig Prozent für jedes verkaufte Gramm erhalten.

Das war meine Gelegenheit!

Ich wandte mich an die Polizei, rief dort allerdings unter einem anderen Namen an, und erzählte, was ich wusste. Der Kripobeamte bot an, in meine Stadt zu kommen und sich mit mir beim Imbiss an der Hauptstraße zu treffen.

Der Typ war mir auch so einer. Er wusste genau, wer ich war, denn er sprach mich mit vollem Namen an, als er in den Imbiss kam. Ich erklärte ihm, warum ich keinen Bock mehr auf Ärger hatte, und beschrieb ihm, wie gewalttätig Rudi sein konnte. Um es zu beweisen, zeigte ich ihm meine Verletzungen.

Der Kripobeamte versicherte, dass mir nichts passieren würde. Angeblich vermuteten sie Rudi schon seit drei Jahren wieder in dem Milieu.

Hahaha! Sollte das ein schlechter Scherz sein?

Nein, scheinbar nicht! Zudem erklärte mir der Beamte, dass Rudi damals nur fünf Jahre bekommen hatte, weil er den Mund nicht aufgemacht, sondern beharrlich geschwiegen hatte.

Ich steckte dem Beamten, dass Rudi nie arbeiten ging oder beim Arzt war, wie er es vorgab, und dass seine

Ausgänge auch nicht kontrolliert wurden. Da schaute er mich fragend an, denn er konnte das nicht nachvollziehen! Aber okay, nicht meine Baustelle.

Dankbar für die Informationen verabschiedete sich der Kripobeamte namens Haus von mir und wiederholte: „Keine Angst, wir kriegen ihn. Und Sie kommen heil aus der Sache raus! Wenn was ist, dann rufen Sie uns an!"

Ich wollte, aber ich konnte dem Mann keinen Glauben schenken. Warum? Weil er so schleimig war und mehr versprach, als er halten würde!

Kennen Sie das – Sie haben ein Bauchgefühl, und das lässt Sie in manchen Situationen nicht im Stich? Bei mir ist das so, denn ich habe in all den vergangenen Jahren einfach zu viel erlebt, woraus ich gelernt habe.

Das Einzige, was mich in dem Moment beruhigte, war, dass es nun eine Frage der Zeit war, bis der Spinner Rudi endlich aus meinem Leben verschwinden würde. Ganz legal, weil die Polizei ihn sich schnappen würde.

Mein Vertrauen in die Behörden, so auch in „meinen Freund und Helfer", war aber schon zu der Zeit so ruiniert, dass ich besser nicht auf einen guten Ausgang baute. Was mein Glück war.

Von nun an, so dachte ich, konnten die Kripobeamten sich nicht mehr rausreden und mussten mir helfen, ebenso wie sie Rudi hochnehmen mussten!

Es kam schließlich, wie es kommen musste. Das Ganze ging wie gewohnt weiter. Rudi machte mit mir, was er wollte, schlug mich weiterhin und quälte mich, bis eines Tages wie aus dem Nichts auf einmal Ruhe war.

Einige Zeit passierte nichts außer verbalem Krieg. Dann aber wurde Rudi von jetzt auf gleich wieder so aggressiv, wie ich ihn kannte. Er ging sogar so weit, dass er mich mit seinem Brieföffner bedrohte.

Rudi hatte kleine Plastiktütchen, Mehl und Backpulver gekauft – Dinge, die es im Haushalt gab –, damit er das Kokain strecken konnte. Jedoch stellte er die Dinge bei mir im Büro im Schrank ab, um im Ernstfall auf mich zu lenken. Dann würde man mich als Dealerin heranziehen und nicht ihn.

So offensichtlich würde das nie ein Mensch machen, der mit Drogen handelt.

Ich kam erst dahinter, als ich eines Tages nach Hause kam und Rudi mich an der Eingangstüre abfing. Er packte mich, schubste mich einige Male vor die Wand und würgte mich. Dann drohte er mir: „Wie blöd bist du eigentlich? Was soll das? Du willst mich doch nur hinter Gitter bringen!“ Doch ich hatte nichts mit seinen Geschäften zu tun, schließlich kaufte nicht ich diesen Mist, sondern er! Was brachte ihn dazu, den Spieß umzudrehen? Weshalb inszenierte er es so, dass Dinge, die er selbst tat, am Ende mir zur Last gelegt wurden?

Das nenne ich mal krank, und ein reifes Schauspiel obendrein! Aber woher kam auf einmal der Sinneswandel? Woher wusste Rudi, dass ich ihn legal hinter Gitter bringen wollte? Da hatten doch mit Sicherheit die Kripobeamten mit ihm gesprochen, anders konnte es gar nicht sein! Aber die dürften doch einer Zielperson gar keine Meldung machen!

Jedenfalls ließ er nicht von mir ab, sondern schlug noch einige Male mit seinen Fäusten auf meinen Körper ein. Zum Glück bimmelte sein Handy und beendete die Tortur.

Mir reichte es. In der Hoffnung, dass es bald ein Ende haben würde, beruhigte ich mich und kochte mir am Abend etwas zu essen. In dem Moment kam Rudi nach Hause und brüllte mich an: „Los, mach mir was zu essen! Für dich gibt es hier nichts mehr!"

Ich wusste: Jetzt geht's gleich wieder rund! So bereitete ich ihm eine Portion Spaghetti Bolognese zu und fragte ihn tatsächlich, ob er auch noch ein Glas Wein haben wolle. „Ja, gerne, ich komm dann gleich rüber!", antwortete er und nahm in seinem Büro eine Schmerztablette ein.

Als er ins Wohnzimmer kam, legte er sich auf das Big Sofa, aß und trank genüsslich und wurde zunehmend müde. Selbst schuld, wenn man Schmerztabletten futterte und dann Alkohol zu sich nahm! Es war ja nicht mein Körper, und wenn er meinte, dass er das abkonnte, dann war es sein und nicht mein Problem.

Ich für meinen Teil hatte zumindest endlich mal wieder eine Nacht Ruhe. Aber ich ruhte mich nicht aus, sondern schnappte mir Rudis Auto, welches ja auf Gerds Namen zugelassen war, und fuhr in einen anderen Stadtteil zu einem Bekannten. Dort heulte ich mich aus und redete mir alles von der Seele. Ich gebe zu, dass ich mir auch wieder überlegte, wie ich diesem Idioten das Handwerk legen konnte, aber diese Schiene war absolut nicht meine. Ich wollte nicht in etwas derart Heikles hineingezogen werden. So fuhr ich auf dem Rückweg in einen Feldweg, hielt an und zerkratzte vor Wut das Auto. Erst dann kehrte ich nach Hause zurück.

Am nächsten Morgen war natürlich die Hölle los! Aber das war mir egal. Sollte Rudi doch austicken. Mehr als mich umbringen konnte er schließlich nicht. Was ich nicht ahnte, war, dass sich noch jemand an dem Auto zu schaffen gemacht hatte.

An dem Tag fuhren wir zu Rudis Schwester, bei der der Knacki einen auf etepetete machte und mich gründlich herunterputzte. Fakt ist, dass ich das Auto nur optisch entstellt hatte. Die Bremsschläuche hatte ich nicht angeschnitten. Ich bin doch nicht lebensmüde und bringe mich selbst in Gefahr!

Obwohl Rudi bemerkte, dass mit dem Auto etwas nicht stimmte, fuhr er die weite Strecke zu seiner Schwester und wieder zurück. Das nennt man unverantwortlich! Oh Mann! Wir konnten von Glück reden, dass uns nichts passierte!

Durchsuchungsbeschluss

Dann kam er, der von mir ersehnte Tag X. Um genau zu sein war es der 9. Dezember 2010. Und mein Leben war dem Ende so nah!

Eines Morgens – Mann, war das früh am Tag! – waren auf einmal mehrere Kripo- und Polizeibeamte vor dem Haus. Rudi öffnete ihnen die Haustüre.

Die Frage der Kommissare Frickert und Haus: „Was machen Sie denn hier, Herr S.?", beantwortete Rudi mit: „Ich habe mir unterwegs in die Hose gemacht und musste nach Hause fahren, damit ich mich umziehen konnte!" Natürlich stimmte das nicht. Sein Morbus Crohn hatte Rudi nur, wenn er mit der Polizei oder der JVA zu tun hatte, sonst nicht!

Die Beamten sahen sich alles an, und als Kommissar Frickert Rudis Handy an sich nahm und es öffnete, bemerkte er, dass es zwei SIM-Karten enthielt. Auf die Idee, im Kinderzimmer hinter den Kleiderschrank zu schauen und dabei die Türe zum Dachboden zu entdecken, kamen die Beamten nicht. Wozu auch? Aber – und das ist der Clou – sie verabschiedeten sich mit den Worten: „Wir teilen der JVA dann mal mit, dass wir Sie hier angetroffen haben, denn das ist ja definitiv nicht Ihre Arbeitsstelle oder sonst dergleichen!"

Nachdem die beiden das Haus verlassen hatten, war ich erschrocken, denn nun bekam ich eine gewaltige Ladung Ärger zu spüren. „Du Miststück, das hast du nicht umsonst gemacht! Ich bring dich um, wenn jetzt irgendwas sein sollte!"

Das war echt kinoreif und wie in einem schlechten Krimi, denn der Durchsuchungsbeschluss war bereits 6 Wochen alt, nämlich vom 23. Oktober. Damit war er hinfällig, und selbst wenn die Beamten den Weg zum Dachboden gefunden hätten, wären sie nicht fündig geworden. Niemand bewahrt über so viele Wochen Rauschgift im Haus auf.

Es war also eine richtige Lachnummer!

Ja! Herr Haus, der tolle Hauptkriminalkommissar, entpuppte sich als falscher Fünfziger. Das Einzige, was er zu meinem Schutz tat, war Folgendes: Er meldete der JVA, dass sie Rudi zu Hause und nicht an seinem Arbeitsplatz angetroffen hatten. Dies führte dazu, dass er vom offenen in den geschlossenen Vollzug verlegt wurde. Es sei wohl ein Strafverfahren anhängig, hieß es zur Begründung.

In der folgenden Zeit schrieb Rudi mir Briefe. Wenn man ihn kannte – und ich kannte ihn besser als sonst jemand, weil ich seine Zornesausbrüche hautnah miterlebt hatte –, konnte man aus seinen Zeilen herauslesen, dass er drohte und gleichzeitig schleimte. Pfui Teufel!

Was mir aber mehr Sorgen machte, war, dass er seine Leute hatte, die er in Kenntnis gesetzt haben musste. Eines Tages kam ich nach Hause, leerte erst die Briefkästen und ging dann ins Haus. Und siehe da: So schnell konnte ich gar nicht gucken, wie ich mich in den Armen eines Mannes wiederfand, der mich packte, mich würgte und zuschlug. „Mit Grüßen von Rudi!"

Wer so etwas nicht erlebt hat, kann sich nicht vorstellen, wie das ist, wenn man endlich seinen gewalttätigen Partner los ist, der Nächste einem aber schon auflauert. Das ist der absolute Albtraum!

Nach dem Vorfall musste ich wieder auf die Beine kommen und rausgehen, Menschen treffen. Ich wollte Spaß haben, reden, lachen und abschalten. Neue Kraft und Energie tanken. Mal den ganzen Stress hinter mir lassen. Doch das war nicht so einfach, weil mich immer wieder Briefe von Rudi erreichten und er seine Leute schickte.

Was der gute Rudi alles in seinen Briefen schrieb? Das habe ich im nächsten Kapitel zitiert.

Knastromanze

Wenn die Briefe mal gelesen werden würden, dann wüsste die Justiz, wie gefährlich Täter wirklich sind!

Rudi schrieb mir einen Brief, den er sich hätte schenken können.

Da ich die Briefe hier vor mir liegen habe, möchte ich diese zitieren, ohne jedoch die Rechtschreib- und Zeichensetzungsfehler zu korrigieren:

8.12.2009

Hallo Nicole,

Ja jetzt will mir jemand Sachen andichten, wo ich nichts mit zu tun habe. Was du ja wohl am besten weißt. Bitte räume den Verdacht aus. Denn du bist ja besser als ich in die Geschichte involviert.

Grund für die Ablösung aus dem Offenen, es ist ein Verfahren anhängig. Also kümmre dich darum.

Ich möchte dich gerne sehen. Weiß aber noch nicht, wo ich hingehe. Also frag dich durch.

Trotz allem vermisse ich dich!

Warum musste es so kommen, ich erkenne mich und dich nicht mehr wieder, was hatten wir für Pläne und jetzt.

HDL Rudi

Das einzige was mich aufrecht hält: 4. Februar 2010

Ich musste diesen Brief erst einmal sacken lassen, denn sein Entlassungsdatum schrieb Rudi gleich mit. Kurze knappe Zeilen, die nichts weiter als Heucheleien und Schleimereien waren. Er wollte, dass ich etwas zugab, wofür ich nicht verantwortlich war. Er hatte doch vorgehabt, wieder mit Drogen zu dealen, nicht ich. Und nur weil ich der Kripo einen Wink gegeben hatte, sollte ich jetzt hingehen und behaupten, dass ich mir das alles nur ausgedacht hatte? Nicht mit mir! Er sollte mal schön weiter den unschuldigen, armen Mann spielen, der von seiner Partnerin für ihre Spielchen missbraucht wurde.

Ich überlegte eine Weile, wie ich reagieren sollte, und schrieb ihm dann Folgendes:

11. Dezember 2009

Lieber Rudi,

schön, dass du dich gemeldet hast.

Ich habe gedacht, dass in deinem Brief jetzt die wildesten Dinge stehen würden. Zu meinem Erstaunen aber ganz und gar nicht.

Du vermisst mich? Mann, ich vermisse dich sehr!

Gute Frage, warum es so gekommen ist. Die Antwort darauf kennst du doch! Leider konnte ich es dir nie recht machen.

Deine Umgangsformen mir gegenüber waren grauenvoll ... Selten nur angenehm und schön. Wir haben beide Fehler gemacht. Denke, dass es an den Punkten

- *Vertrauen*
- *Offenheit*
- *Ehrlichkeit*

und einigem mehr gemangelt hat.

Ja, wir haben Pläne gehabt. Ja, ich habe sie immer noch. Ja, auch deine Pläne sind mir nicht egal. Seit Wochen wünsche ich mir, endlich von dir in den Arm genommen zu werden.

Doch außer gegenseitiger Wut aufeinander, Vertrauenlosigkeit und Druck ... war nichts!

Alle Bemühungen waren bis einschließlich Sonntag bei dir, als ich dich besuchte, umsonst. Von deiner Seite aus kam auch nichts weiter. Und somit bestätigte sich alles. Eines kann ich dir aber mitteilen, wie ich es Sonntag sagte: „Ich helfe dir!“

Auch wenn ich nicht mehr dein Herzchen bin, aber ich habe dich sehr lieb!

Nicole

Und damit begann er, der romantische Briefwechsel, der echt filmreif war.

11. Dezember 2009

Mein lieber Prinz,

lieben heißt nicht leiden …

tausend Träume bleiben uns – irgendwie …

Wir beide konnten unser Leben nicht gerecht teilen, doch das mit uns geht schon, irgendwie …

Ich habe dich nur für mich, ganz gewollt … Hätten wir beide uns früher dem anderen anvertraut und einander generell vertraut, dann wäre vieles sicher nicht passiert. Ein bisschen, mein Prinz, ist mir schon genug von dir. Wie oft habe ich mir gedacht: Wenn du (also ich) klein beigibst, renkt sich alles wieder ein. Doch Irrtum!

Dann hast du mir keine andere Wahl mehr gelassen, als mich gegen dich zu wehren. So oft habe ich mir gewünscht, dass du zärtlich bist, wenn du kamst, und leise und zufrieden gehst, wenn du wieder wegmusstest. Ich halte an unserem Traum fest und werde ihn in der Zwischenzeit schon ausleben.

Doch du bist nie zufrieden gegangen, und leise schon mal gar nicht. Und wenn du gingst, dann hast du doch meine Tränen gar nicht gesehen …

Meine Liebe schicke ich dir – lass uns zwei Krebse, die nur „ich" gesagt haben, machen ein gemeinsames Wir …

Manchmal rief ich dich, nur um deine Stimme zu hören, sekundenlang. Manchmal ist ein bisschen auch sehr viel, wenn man sich sehen will. Manche Nacht lag ich neben dir, mal wohl geborgen in deinen Armen, doch mehr aus und mit viel Angst, weil ich nicht vor dir fliehen konnte. So oft war ich seit Mai 2009 mit dir allein … Starrte immer wieder in die Dunkelheit hinein … Manchmal war mir warm in deiner Nähe, aus Liebe, Lust, Leidenschaft und Zärtlichkeit zu dir …

Manchmal habe ich aus Angst, Wut und Verärgerung neben dir nur gefroren …

Wenn wir beide treu und fest zusammenhalten, dann haben wir nicht nur die Liebe auf Zeit, sondern auf Ewigkeit, denn keiner lebt dann mehr allein in seiner teilweisen Einsamkeit. Du brüstest dich oft, als seist du der King, der Stärkste in der Stadt und zu Haus … als seist du der Mann im Revier … und der bestaussehende Kerl – na klar!

Coole Typen sind deiner Meinung nach auch so rar auf der Welt, aber genauso, wie du dich gibst, fallen ständig Frauen auf diese Spielchen rein.

Du bist kein Westernheld, du bist nichts, und dennoch brüstest du dich damit!

Bisher ist noch keiner mit Muskeln und Charme so lang davongekommen, doch du kommst es immer wieder! Okay!

Einen Helden habe ich nicht gesucht, denn davon gibt es genug auf dieser Welt ... Sei doch einfach nur du ...

Sei ein Mann an meiner Seite, der auch mal heimlich weint, der auch mal schwach sein kann! Dabei musst du bei mir kein Held sein, denn mein Herz ist reif genug. Spiele nicht immer mit meinen Gefühlen ...

Ein echter Mann sorgt für seine Frau, er liebt sie und kümmert sich auch um seine Angebetete ... Er gibt auch mal nach!

Er verzeiht und wird niemals übermütig.

Du musst keinerlei Retter aus dem Märchen spielen, in dem immer ein Happy End vorkommt. Ich denke, dass ich unsere Träume schon mal ausleben werde, denn ich räume meinen Kopf derzeit auf. Vielleicht interessiert mich auch dein Traum irgendwann gar nicht mehr, dann weiß ich genau, was ich für dich empfinde. Du bist mein Partner, aber nicht so!

Du hast mich am Mittwoch das erste Mal wieder so angesehen wie an dem Abend, als wir uns kennengelernt haben. Seitdem sehe ich dich wieder mit anderen Augen. Ich glaube an das Gute im Menschen und auch an dich! Deine Nähe habe ich nie verwehrt – was ist nur in der Zeit passiert? Ich denke ständig an uns zwei

– mit deinem Blick schlug der Blitz erneut bei mir ein. Hätt' ich bloß geahnt, wie es um uns steht ...

Wenn ich gewusst hätte, wie einfach es sein kann, dann hätte ich viel früher den Mund aufgemacht und mich gewehrt, aber du wolltest es ja nicht anders.

Wir werden uns schon noch entdecken, aber lass uns nicht mehr fragen, was uns beide geritten hat ...

Ich liebe dich und freue mich auf dich.

Kuss Nicole

Mein Plan ging auf. Rudi sprang auf meine Zeilen an und glaubte tatsächlich, dass ich einknicken würde. Dass ich zur Kripo ging und die Tatsachen als erfunden hinstellte. Aber ich hatte mir geschworen, nie wieder wegen dieses Idioten zu lügen. Er hatte sich die Suppe selber eingebrockt und musste sie auch selber wieder auslöffeln.

Am 16. Dezember 2009 erreichten mich folgende Zeilen von Rudi:

Hallo mein Herzchen!

Schön, dass du heute da warst, hat mir und dir denke ich gut getan. Ich denke es wird sich alles in Kürze klären. Denk dran ich werde nicht gegen dich sein. Vermisse dich!

Hab dich lieb, Rudi

Rudi war wirklich davon überzeugt, dass ich mich von seinem Gesülze einlullen lassen und eine Falschaussage machen würde.

Da meine Briefe sehr lang, fast schon endlos waren, habe ich mich dazu entschieden, dass ich im Folgenden nur noch Rudis Briefe zitieren werde. Und wer zwischen den Zeilen lesen kann, wird erkennen, was dieser Mann wirklich von mir wollte.

21.12.2009 um 18:40 Uhr

Hallo mein Herzchen,

ich hoffe, du kommst diese Woche.

Ich hatte heute Morgen ein Telefonat mit dem Herrn F. von der Kripo. Dort stellte sich heraus, dass du in keinster Weise versucht hast die falschen Beschuldigungen mir gegenüber aus dem Weg zu räumen. Mir hast du erzählt, dass du es richtig machen wirst, dass du alles schriftlich oder sogar persönlich machen wirst.

Weißt du, wie man sich fühlt, wenn man Unschuldig ist? Und das von einem der einen liebt!

Hat man dann noch ein Gewissen? Sag es mir!

Wie soll man so einen Neuanfang machen?

Meine Gefühle fahren Achterbahn, ich weiß nicht mehr, wem oder was ich glauben soll. Wenn man einen Fehler macht, dann sollte man dafür grade ste-

hen. Ich habe bereits 45 Monate lang gebüßt. Aber jetzt wofür? Sag es mir bitte. Trotz allem vermisse ich dich.

HDL Rudi

War am Sonntag in der Kirche. Kann leider keine Kerze anzünden, habe kein Feuer.

Der arme Rudi verprügelte monatelang seine Partnerin, hatte Dreck am Stecken und titulierte sich als „unschuldig"? Das war der Oberhammer! Das Unschuldslamm. Und ja, er hatte kein Feuer, mit Feuer meinte er etwas ganz anderes, wie ich später zu spüren bekam.

Regelmäßig bekam ich ungebetenen Besuch, der mich nötigen sollte, Rudi aus dem Knast zu holen. Man drohte mir damit, mich umzubringen, wenn ich nicht eine Falschaussage tätige und die Wahrheit als erfundene Geschichte hinstelle. Doch was hätte der ach so tolle Kripobeamte Herr Haus denn schon gemacht, wenn ich Rudis Willen gefolgt wäre? Eben, er hätte mich nicht für voll genommen.

Also beschloss ich, das Spiel mit Rudi weiterzuführen. Nach langem Hin und Her machte ich ihm einen schriftlichen Heiratsantrag, um sein Vertrauen aufrechtzuerhalten und meine Ruhe zu haben. Seine Antwort kam prompt:

22.12.2009

Hallo mein Herzchen!

Heute Morgen war ich beim Arzt. Der hat sich sehr viel Zeit für mich genommen und will dafür sorgen, dass ich ein paar Anwendungen bekomme. Habe heute Mittag drei Briefe von dir erhalten. Schön zu wissen, dass da jemand da ist.

Besonders habe ich mich über deinen Antrag gefreut. Der Brief kam um 17.00 Uhr. Ich werde deine Liebe annehmen und erwidern. Auf unsere Zukunft! Aber lieber möchte ich dir dabei in die Augen sehen und dir sagen, Ja, ich will. Es fließen Tränen bei mir. Ich will dich umarmen.

In Liebe dein Prinz

Rudi

Der Plan war perfekt. Es passte alles und ging auf. Zum Schein besuchte ich Rudi in der JVA und ließ ihn in dem Glauben, dass ich es ernst meinte und tatsächlich für ihn log. Ich versprach ihm sogar, ihm einen Anwalt zu besorgen. Natürlich tat ich es nicht, ich wollte nichts weiter als Zeit gewinnen.

Allerdings bekam ich in der Zwischenzeit immer öfter Besuch, der handgreiflich wurde.

Sie haben recht, wenn Sie jetzt denken, dass all dies doch das reinste Irrenchaos war. Wie hält man ein solches Leben nur so lange aus? Wie viel Zeit musste noch vergehen, bis ein Ende in Sicht war?

Es stimmt, ich hielt lange durch. Irgendwann gewöhnt sich ein Mensch auch gegen seinen Willen an die augenblicklichen Lebensumstände!

Am 26. Dezember 2009 besuchte ich Rudi in der JVA und brachte zum Schein einen Verlobungsring mit. Ich hatte ihn extra aus einer Kette anfertigen lassen, wie Rudi es gerne mochte. Einen Augenblick hielten wir uns in den Armen und küssten uns. Am liebsten hätte ich ihm ins Gesicht gekotzt, so widerlich war das, aber es war nur ein kurzer Moment, weil Insassen keinen körperlichen Kontakt zu ihrem Besuch haben durften. Nach dem Besuchstermin fuhr ich dann in aller Ruhe nach Hause und lachte mich innerlich schlapp.

27.12.2009

Hallo mein Herzchen!

Ja, wieder eine Woche geschafft. War am Donnerstag und Freitag in der Kirche. Sonntag auch, da habe ich eine Kerze für uns beide angezündet. Hier gibt es nichts Neues.

Wie war dein Weihnachten?

Habe mir schon mal Gedanken gemacht, wie ich mir eine Funktionsküche vorstelle.

Schreib mir bitte jeden Tag etwas, dann kann man sich wenigstens auf etwas freuen.

Alles Gute habe dich lieb. Rudi

Dicken Kuss, ich vermisse dich. Freue mich auf dich.

Rudi hatte mir eine Paketmarke zugesandt, damit ich ihm ein Weihnachtspaket schicken konnte. Das nenne ich persönlich dreist, denn normalerweise wäre als sein Weihnachtsgeschenk eine ordentliche Tracht Prügel angebracht gewesen – eine, wie er sie selbst austeilte. Da ich keine Ahnung hatte, was ich ihm in die JVA schicken durfte und was nicht, erkundigte ich mich und machte daraufhin ein kleines süßes Paket fertig.

Aus Angst, da ich inzwischen täglich bedroht wurde, ging es mir immer schlechter. Kreislaufprobleme machten mir zu schaffen.

Weil ich allein dastand und es mir finanziell nicht leisten konnte, wollte ich das Haus aufgeben. Bei einem offenen Gespräch mit den Vermietern kam heraus, dass die Miete gar keine eintausendfünfhundert, sondern nur ein paar Hundert Euro betrug. Eine Überraschung war das nicht nach all dem, was ich von Rudi gewohnt war. Der Mietvertrag wurde auf meinen Namen umgeschrieben und es sah alles gut für mich aus. Ich hätte das auch packen können – aber dann kam doch alles anders ...

Die Weihnachtstage hatte ich allein zu Hause verbracht. Ich versuchte, in meinen Briefen keine schlechten Nachrichten zu schreiben, aber das war so gut wie nicht machbar. Und davon abgesehen, warum sollte der werte Herr Rudi, der nach außen hin immer der Gute war, nicht wissen, dass es mir seinetwegen schlecht ging. Er hatte mir doch alles genommen, hatte mich monatelang verprügelt und mir die Schläger auf den Hals gehetzt. Aber was soll ich sagen? Es interessierte ihn ja ohnehin nicht. Und die Kripo schon gar nicht.

Rudi machte weiter!

28.12.2009

Hallo mein Herzchen!

Ja nun sitze ich schon 22 Tage in diesem Loch. Denk ständig an dich.

Wie ist die Nachschulung ausgegangen?

Rufe mal meine Schwester an und bedanke dich fürs Geschenk. Danke noch mal für das Paket. Habe schon wieder 2 kg drauf.

Gibt's was Neues an Post?

Wie geht es dir?

Hab dich sehr lieb

Dein Prinz Rudi

Ich hatte für den 29. Dezember einen Besuchstermin in der JVA ausgemacht und fuhr auch hin. Oh mein Gott! Rudis Gerede, seine Arroganz, das Schleimen und Vertuschen der Wahrheit! Er log, was das Zeug hielt, und war tatsächlich in dem Glauben, dass ich auf sein Gesülze reinfiel. Ein erstklassiges Schauspiel, was er da ablieferte.

29. Dezember 2009 um 17:25 Uhr

Hallo mein Herzchen!

Schön, dass du heute da warst. Ich werde das Gefühl nicht los, dass am 4. Februar 2010 Schluss ist.

Meine Kopfschmerzen sind mittlerweile unerträglich. Frage mal nach was es kostet, wenn ich die Zeitung in die JVA geliefert bekomme. Vier Wochen reichen aus.

Bis bald.

In Liebe Rudi

Was für ein ach so kranker, armer Mann! Zum Kotzen das Ganze! Ich bestellte ihm für vier Wochen eine Zeitung, wie er es gewünscht hatte, und sah zu, dass der Kontakt langsam, aber sicher abbrach. Er hatte mir selbst bei meinem Besuch in der JVA noch gedroht und mir gesagt, dass er mich umbringen würde. Da ich mir gut vorstellen konnte, dass er seine Worte in die Tat umsetzte, wurde es Zeit, dass ich den Rückzug antrat und zusah, dass ich wegkam. Wenn er wirklich im Februar rauskam, musste ich Nägel mit Köpfen machen. Ich hatte Rudi ja schon vor längerer Zeit von seiner Wohnanschrift abgemeldet. Der Mietvertrag lief auf meinen Namen und Rudi wohnte und lebte definitiv nicht mehr bei mir! Also war es mein gutes Recht, meine eigenen Wege zu gehen. Was mir allerdings ganz bitter hochkam, war, dass sich die Post häufte. Ich wusste ja nicht, auf wen das Telefon angemeldet war und welche Gegenstände auf welchen Namen bestellt worden waren. Hätte ich geahnt, dass Rudi Daten gefälscht, andere Personen namentlich genannt und auf deren Namen bestellt hatte, dann hätte ich längst das Weite gesucht. Immerhin ließ sich nachweisen, dass ich das nicht gewesen war, denn ich hatte niemals für irgendetwas unterschrieben. Nie hatte ich Aufträge schriftlich oder telefonisch aufgegeben.

Dann kam der Tag X, an dem wieder Schläger bei mir im Hause waren. Ich konnte die Schlösser austauschen, so oft ich wollte, rein kamen die immer! Sie bedrohten mich und verlangten von mir, zu einem An- und Verkauf zu gehen und dort angebliche, in Wirklichkeit aber nicht vorhandene Fernseher zu einem super Preis und gegen Bestellschein zu verkaufen. Das war so scheiße! Doch der Typ in dem Laden schien meine Blicke und Worte verstanden zu haben, denn er zeigte die Scheinfirma an, die auf dem Bestellschein genannt war.

Ob da noch was nachkommen würde, das wusste ich nicht. Die rund tausend Euro jedenfalls, um die es damals in dem Laden ging, riss der Typ, der mich bedrohte, direkt an sich. Er brachte mich nach Hause und schlug mir mehrfach ins Gesicht, ehe er mit dem Geld das Weite suchte.

So wollte ich nicht mehr leben! Ich konnte nicht mehr!

Ganze zehn Tage ließ ich noch die Hölle auf Erden zu, denn der von Rudi angeheuerte ungebetene Besuch kam von nun an täglich. Ich beschloss, mich mit meiner Familie zu versöhnen, und verbrachte hin und wieder die Nacht dort. Zunächst sah tatsächlich alles nach Versöhnung aus, doch irgendwie konnte Lars es nicht lassen, stets und ständig zu nörgeln und mir Vorwürfe zu machen.

Irgendwann bekam ich Lust, wieder vor die Türe zu gehen, und tat dies auch. Ich wollte nur noch leben. Es gab schließlich rein gar nichts mehr, an dem ich mich noch erfreuen konnte.

Heute würde ich nie wieder mit Hämatomen in einen Swingerclub fahren, aber damals tat ich es, weil ich die Spuren der Gewalt verdrängte.

Was mir dann eines Tages passierte, das war ist schon nicht mehr schön, denn ich begegnete einem Mann. Einem polnischen Mann, der nur eines war ...

Ahnen Sie es schon?

Dieser Mann ritt mich in die nächste Scheiße rein, war auch nur ein brutaler Schläger – ein psychisch kranker

Pole. Was ich mit ihm erlebte, erfahren Sie in den nächsten Kapiteln dieses Buches.

Mit Rudi wird es noch ein Wiedersehen vor Gericht geben, da bin ich mir sicher, aber sicher ist auch, dass, obwohl wir unter Beobachtung der Kripo, der Justiz standen, diese zuließen, dass ich vermöbelt wurde – bis zum Letzten! Ich nenne das unterlassene Hilfeleistung seitens der Polizei, die stattdessen den Tätern bei ihren Straftaten eine super Unterstützung bietet! Daran kann man mal wieder erkennen, dass, egal wie man als Opfer dasteht, man nie wieder auf deren Hilfe zählen kann, wenn sie einem erst mal einen Stempel aufgedrückt haben. Sicherlich habe ich Fehler gemacht, diese aber nicht freiwillig. Am Ende wird es garantiert so sein, dass mir zur Last gelegt wird: „Aber Sie hätten ja die Polizei rufen und sich Hilfe holen können!" Genau das habe ich sogar des Öfteren getan, was die Polizei aber nicht interessierte. Irgendwann waren mir ihre Fragen zu blöd und ich ließ es sein, sie um Hilfe zu bitten. „Empfinden Sie das oder ist das wirklich so?" – „Sind Sie sich sicher, dass es so passiert ist?" Ich konnte es nicht mehr hören! Aber – und das ist mir ziemlich egal – liebe Kripo, Polizei und alle Beamten von sonstigen Behörden, das kann nur ein schlechter Scherz von euch sein! Wäret ihr auch nur einmal in einer solchen Situation gewesen, hättet ihr euch selbst schon lange aufgegeben. Und ihr hättet vielleicht auch mal verstanden, warum von meiner Seite aus nicht mehr machbar war und ich so viele unschöne Dinge unter Zwang tun musste. Betrug, wie ich ihn mir heute vorwerfen muss, wäre nie mein Ding gewesen. Doch davon wollt ihr ihr ja nichts wissen!

Schämen solltet ihr euch, ein Urteil über einen Menschen abzugeben und ihn dann auch noch als Täter zu behandeln. Und wenn ihr doch so im Bilde über all das wart, warum habt ihr mich denn nicht vor dem nächsten brutalen Schwein gewarnt? Ich kann euch sagen, warum nicht: Weil ihr euren Job nicht ernst nehmt und keine Lust habt, die Wahrheit aufzudecken. Weil es nämlich Arbeit und Zeit bedeutet.

So muss ich meine Leserinnen und Leser davor warnen, dass die deutsche Justiz nicht immer den richtigen, sondern oft den einfachen und leider den falschen Weg wählt und damit, statt Opfern zu helfen, ganz mies in die Täterseite presst, um selbst als die Helden dazustehen.

Liebe Leserinnen und liebe Leser,

und hier schließt sich auch schon das nächste Drama an, der nächste Mann und die sprichwörtlich nächste Katastrophe, die Nicole bewältigen musste.

Die Rheinländerin, die – warum auch immer – schon in ihrem Elternhaus gehasst, verstoßen und fertiggemacht wurde, erlebte in ihrem zarten Alter verdammt viel – viel zu viel. Außer Hass, Wut, Lügen, Gewalt und den Ruin durfte sie nichts erfahren. Liebe, Ehrlichkeit, Aufrichtigkeit und Menschlichkeit wurden ihr nicht zuteil. Erst durch ihren heutigen Ex-Mann erfuhr sie all dies.

Nach der Trennung von ihm und ihrer Familie lernte sie, wie Sie im ersten Teil dieses Buches erfahren haben, einen Mann kennen, der ihr Leben die reinste Hölle auf Erden werden ließ. Er war nicht nur ein Strafvollzugsgänger, sondern auch ein skrupelloses Schwein – ein Schläger, der über Leichen ging. Doch kaum hatte sie es nach viel zu langem Verharren in ihrem bemitleidenswerten Zustand geschafft, von diesem wegzukommen, lernte sie ihren „Mister Super-Polen-Lover" kennen, der ihr lieb, hilfsbereit und charmant begegnete. Kaum hatte sie sich auf ihn eingelassen, weil sie mehr für ihn empfand, als zuvor angenommen, verwandelte er sich ebenfalls in einen Schläger. Als wenn all dies nicht ausgereicht hätte, kam dann noch dessen polnischer Kollege hinzu, der ein verdammt noch mal heftiges depressives Problem hatte. Er war drogenabhängig und wollte sich umbringen.

Und wer wurde – mal wieder – für die Probleme anderer verantwortlich gemacht? Wer sollte die Konsequenzen ausbaden? Richtig, Nicole!

Aber lesen Sie selbst …

Neuer Mann, neues Glück?

An einem Mittwochabend fuhr ich in den Swingerclub. Ich wollte, wie schon so oft, einfach nur schauen, nett was essen gehen und mich unterhalten. Für mehr fehlte mir der passende Partner, die richtige Begleitung. Zudem hatte ich den Kopf nicht frei, um mich der Lust hingeben zu können.

Einige Blessuren hatte ich noch, aber es gelang mir, die Erinnerungen an die Zeit mit Rudi aus meinem Kopf zu verbannen. Dann kam der peinliche Moment, denn es war FKK-Abend. Oh ja, FKK! Swingerkleidung war heute nicht erlaubt. Oben in der Garderobe suchte ich mir meinen Spind und war im Begriff, mich swingerklar zu machen. Als ich mein Mini-Lackkleid anziehen wollte, kam Daniela, die Bedienung, von hinten auf mich zu und sagte: „Hi Kleine, auch wieder da? Du, heute ist FKK-Abend!" Sie wollte mich mit einem Griff an die Taille necken, als ich aufschrie. Daniela wich einen Schritt von mir weg, starrte mich an und rief entsetzt: „Ach du Scheiße, was hast du denn gemacht?" Sie musterte mich von Kopf bis Fuß, überlegte einen Moment und flüsterte: „So kannst du aber nicht gehen! Warte, ich gebe dir meinen Schal!" Die andere Frau – Olga, ein Stammgast – bot mir ebenfalls ihren Schal an, und als ich nickte, legte sie ihn mir um die Hüfte. Daniela verdeckte mit ihrem

Schal die Blutergüsse an meinem Hals. „So kannst du gehen! Komm, lass uns was trinken!“

Ich fühlte mich sichtbar unwohl, aber das sollte auch nur für einen Moment so sein. An der Theke bestellte ich mir einen Energydrink und rauchte erst einmal eine Zigarette. Hätte ja auch doof ausgesehen, wenn ich direkt wieder abgehauen wäre.

Nun gut, das sollte letztendlich egal sein, denn mich interessierten die Männer hier nicht. Ich hatte nie mit mehreren Männern meinen Spaß gehabt, sondern immer nur mit einem festen Partner. Ich war eine der wenigen Frauen, die an einer Hand abzählen konnten, mit wie vielen Männern sie wirklich im Bett gewesen war. Einen Swingerclub zu besuchen bedeutete nicht, dass man auf sexuellen Kontakt aus war. Es war auch ganz nett, einfach nur dem Treiben zuzuschauen und vielleicht das ein oder andere Neue kennenzulernen und sich an dem aufzugeilen, was andere auslebten bzw. praktizierten.

Als ich an der Theke stand, kam ein Mann auf mich zu. „Hallo und guten Abend, junge Maus, ich bin der Krzysztof!“, stellte er sich mir vor. Das war schon sehr charmant, selten wurde ich so begrüßt. Ich muss gestehen, dass er so gar nicht mein Typ war, dieser kleine Zwerg. Ein Mann, der keine ein Meter achtzig groß war, dafür aber einen Bart trug und mich aus verboten dunklen Augen, die wie die Kulleraugen eines Bären funkelten, ansah. Er sprach mit irgendeinem Akzent, den ich erst nicht zu deuten wusste. Außerdem hatte er Bauch, und das geht bei einem Mann in meinen Augen gar nicht.

Eines musste ich dem Kerl aber lassen: Er war charmant, wirkte nett und war überhaupt nicht aufdringlich. So unterhielten wir uns ungezwungen, lachten dabei, rauchten und beschlossen beim letzten Zug, gemeinsam eine Runde durch die Etagen und Räumlichkeiten des Clubs zu machen.

Also gut, Start frei für den zweiten Durchgang. Ich ging vor und Krzysztof folgte mir. Als wir die Treppe hinaufgingen, hörten wir Lustgeräusche aus dem vorderen Raum. Darum machten wir auch direkt davor Halt. Ich schaute dem Pärchen bei seinem Treiben zu, es war mit einigen Soloherren zugange. Der Raum war hell und alles war gut zu sehen. War schon geil, aber nichts für mich. Krzysztof, der hinter mir stehen geblieben war, streifte mir – natürlich aus Versehen – den Schal, der um meinen Hals und die Schultern gelegt war, ab. Ich konnte es nicht verhindern, ohne Zicken zu machen, also ließ ich es. Der Anblick der Blutergüsse ließ ihn erschrecken. Schnell legte er mir den Schal wieder über und nahm mich mit auf die gegenüberliegende Spielwiese. Dort zog er mich einfach nur in seine Arme. Sie strahlten Geborgenheit, Ruhe und Kraft aus, sodass ich gestehe, dass ich dankbar für diesen Moment war. In den nächsten Minuten schauten wir den aktiven Menschen auf dem anderen Bett zu. Schmunzelnd beobachteten wir die

Schar geiler Böcke, ehe wir beschlossen, eine rauchen zu gehen, bevor uns ein Lachanfall überkam.

Gemeinsam saßen wir am Tresen, rauchten eine Zigarette, tranken unsere Kaltgetränke und unterhielten uns. Da es aber schon spät und ich müde war und zudem keine Lust mehr hatte, in diesem an dem Abend recht leeren Club zu bleiben, sagte ich, dass ich noch eine Runde durch die Räumlichkeiten des Clubs drehen und dann nach Hause fahren werde. Krzysztof schaute mich an, nickte und sagte, dass er mich auf der Runde begleiten und dann ebenfalls fahren wolle.

Auf dem Weg durch den Club gelangten wir schließlich in die Paarzone, in die wir erst einmal nur von außen hineinschauten, weil hier Herren keinen Zutritt hatten. Wir lagen uns zunächst nur in den Armen und streichelten uns, ehe wir dabei Lust bekamen und doch unseren Spaß miteinander hatten.

Krzysztof war ein leidenschaftlicher Küsser. Wie verrückt konnte er mit seiner flinken Zunge eine Frau in den Wahnsinn treiben, wenn er sie oral verwöhnte. Auch bei den Fingerspielen, die er beherrschte, brachte er mich immer wieder in Richtung Höhepunkt. Doch mein Kopf war nicht frei, ich konnte nicht richtig abschalten. Außerdem hatte ich bei den gekonnten Handspielchen fürchterliche Unterleibsschmerzen. Wo die nur wieder herkamen? Da ich keine Gebärmutter mehr hatte, waren es vermutlich Zysten, die Theater machten.

Nach einer Weile begaben wir uns hinunter an die Theke, um noch eine zu rauchen, etwas zu trinken und dann zu duschen, ehe wir zu den Umkleiden gingen, um uns anzuziehen. Krzysztof hatte seinen Spind gegenüber von meinem. Und da ich vor ihm an meinem Spind war, beugte ich mich nach vorne, um die Sachen herauszuholen. Dabei kam Krzysztof hinter mich und streifte mir aus heiterem Himmel erneut den Schal ab und sah sich meine Blutergüsse genauer an. Dann sagte er: „Komm mal bitte her!“ Ich richtete mich auf und drehte mich zu ihm um. „Wer war das?“, wollte er wissen. Ich antwortete nicht, bis er in einem sehr bestimmten Ton sagte: „Wer war das?“ Doch ich senkte den Kopf und schwieg. Schließlich legte er seine Hand an mein Kinn und fuhr fort: „Wenn ich dir helfen kann, dann lass es mich wissen!“ Ohne eine entsprechende Reaktion drehte ich mich um, zog mich an und suchte das Weite. Im Vorbeigehen verabschiedete ich mich von Krzysztof, der mich noch in den Arm nehmen wollte, und ging flott die Treppe hinunter. Draußen rannte ich regelrecht zu meinem Auto und fuhr los.

Auf dem Weg zur Autobahn kam ich an einer Tankstelle vorbei, an der ich anhielt. Dass Krzysztof mir gefolgt war, bemerkte ich erst, als er auf einmal hinter mir stand und sagte: „Komm, Kleine, lass uns mal einen Kaffee trinken!“

Das hielt ich für keine gute Idee, aber okay, ein Muntermacher konnte nicht schaden.

Er versuchte mich immer wieder zu einem Gespräch zu bewegen und spielte abermals auf die Blutergüsse an. Erst nach einer Weile taute ich auf und wir redeten, schwiegen und sprachen mehr über uns selbst als über unsere Ehepartner. Und so kam es, dass ich Krzysztof erzählte, was mit mir geschehen war. Er bot mir seine Hilfe an, die ich aber immer wieder ablehnte, bis er mir seine Handynummer geben wollte. Ich nahm mein Handy, um seine Nummer einzutippen, zitterte dabei aber so sehr, dass ich es nicht schaffte. Also nahm Krzysztof mein Handy und tippte seine Nummer ein. Dann hielt er mit seiner linken meine rechte Hand fest. Noch eine gute halbe Stunde saßen wir beisammen. Gegen halb drei in der Früh verabschiedeten wir uns voneinander und machten uns auf den Weg nach Hause.

Als ich, vor meinem Haus angekommen, gerade aus dem Auto gestiegen war und mich der Haustüre zuwandte, waren auf einmal zwei Kerle bei mir, die mich packten, schlugen und mir drohten, dass es meine letzte Chance sei, Rudi aus dem Bau zu holen.

Oh shit! Das war nicht gut! Nun war ich den einen los, nämlich Rudi, da kamen auch schon die Nächsten, die Schläger, die mich regelrecht stalkten?

Das war echt krank! Ich wollte das nicht mehr!

Die Männer schlugen mich grün und blau und zwangen mich, einen Brief an Kommissar Haus zu schreiben, in dem ich erklärte, dass meine frühere Aussage nicht stimmte.

Nach einer Nacht voller Grübeleien bei Lars, meinem heutigen Ex-Mann, fuhr ich noch einmal zum Haus, weil ich ein paar Sachen brauchte. Die Wahrscheinlichkeit, dass mir dort am helllichten Tage jemand auflauern würde, stufte ich als sehr gering ein. Wobei bei den Spinnern der Spruch „Unverhofft kommt oft" die Regel war.

Im Haus angekommen, packte ich schnell die wichtigsten Sachen zusammen, als jemand wie aus dem Nichts hinter mir auftauchte und mich auf das Bett schubste. Als ich zu schreien begann, hielt mir der Typ den Mund zu und drückte sich mit seinem scheiß Kampfgewicht auf mich, bis ich aufhörte zu zappeln. „Du Schlampe!", brüllte er. „Sorg dafür, dass Rudi aus dem Knast kommt, sonst bist du dran!" Er schlug mir mehrmals ins Gesicht, richtete sich auf und stieß mir seine Fäuste in die Rippen. Herrje, ich hatte die Nase gestrichen voll und war froh, als der Schläger weg war.

Am Boden zerstört rief ich Krzysztof an und erzählte ihm, was passiert war. Wir verabredeten uns für den kommenden Sonntag in einer Pizzeria, die bald darauf zu unserem Stammlokal wurde.

Wieder Fuß fassen

Krzysztof war geschockt, mich so zu sehen, und sagte, als wir uns in der Pizzeria voneinander verabschiedeten: „Mausi, ich mag dich ungern wieder fahren lassen. Wenn was ist, ruf mich bitte an. Ich komme sofort!" Aber was sollte jetzt noch kommen?

Ich war fest entschlossen, in die Nähe meiner Familie zu ziehen, damit ich für sie da sein konnte. Vorher war jedoch noch einiges zu klären.

Rudis dämliches, auf Gerds Namen angemeldetes Auto verscherbelte ich bei einem An- und Verkauf. Meiner Meinung nach war das nach all dem, was mir dieser Mistkerl angetan hatte, mein Recht – zumindest in der Theorie. Zu dem Zeitpunkt war ich so sauer, da konnte ich nicht anders handeln! Da saß er nun endlich im geschlossenen Trakt, und immer noch hatte ich die Hölle auf Erden. So konnte das nicht weitergehen! Außerdem nahm ich mir nur das, was Rudi und Gerd mir genommen hatten: mein Geld zurück!

Oh oh! So etwas nennt man Diebstahl und Betrug, wenn ich das richtig sehe, oder? War hier der nächste Ärger vorprogrammiert?

Den Erlös des Verkaufs, sechshundert Euro, legte ich an die Seite. Um genau zu sein, ich deponierte das

Geld bei Lars, der es am liebsten für sich behalten hätte. Aber er hatte Verständnis und hütete das Geld für mich!

Schließlich fuhr ich mit Lars' Auto, das eigentlich meines war, zu meinem Haus und packte weitere Sachen ein, um sie zu Lars zu bringen. Und wieder waren auf einmal Leute im Haus. Typen, denen man nicht mal auf der Straße begegnen wollte. Groß und breit wie ein Schrank und mit bösem Blick standen sie plötzlich vor mir.

Nein! Nicht schon wieder!

Sie nahmen mich in die Mangel, zeichneten mich mit Blutergüssen und wussten, dass ich den Brief an Kommissar Haus nicht bei der Polizei in nächsten Ort abgegeben hatte. Sie drückten mir mehrfach den Hals zu und sagten: „Du fährst jetzt da hin und wir folgen dir! Solltest du auch nur einen Fehler machen, werden wir einen ganz bösen Unfall mit Todesfolge live erleben!" Da ich aber, nachdem ich losgefahren war, niemanden hinter mir bemerkte, ergriff ich die Chance und sah zu, dass ich wegkam.

Während ich mit letzter Kraft den Wagen steuerte, rief ich Krzysztof an. Der holte mich bei Lars ab und fuhr mit mir an einen abgelegenen Ort. Über seinen Bekannten hatte er ein Zimmer auf einem Reiterhof organisiert. Fern, abgelegen – und garantiert nicht waffenfrei.

Lach. Was heißt denn „garantiert nicht waffenfrei“? Ganz einfach. Mama Hafer, die Mutter von Krzysztofs Kollegen, besaß eine Schrotflinte, mit der sie mir im Falle eines Falles zu Hilfe eilen würde. Es erschien mir putzig und beruhigend zugleich, dennoch nahm ich es für voll. Mir war in dem Moment nur wichtig, dass ich mich erholte, dass es mir bald besser ging und ich schnell wieder auf die Beine kam. Ich wollte doch nur meine Ruhe haben!

Mal abgesehen davon, dass wir uns liebten, war ich seine Geliebte, denn der gute Krzysztof war verheiratet. Er stellte mir ein Auto zur Verfügung, weil er zu Hause eines übrig hatte, und machte mich somit mobil. Er verschaffte mir Nebenjobs, ließ mich in der Werkstatt aushelfen und half mir wiederum mit Geld aus. Auch wenn er eine Frau und eine Tochter hatte, die er versorgen musste, verdiente er im Motorsport sowohl bei Rennen als auch in der Werkstatt unter der Hand sehr gutes Geld.

Krzysztof war Sicherheitszellenbauer für Rennfahrzeuge. Monatelang nahm er mich jeden Tag mit in die Werkstatt. Dort lernte ich verschiedene Fahrzeuge kennen, Motorsportteams, Sicherheitszellenaufbau und das Schweißen, ebenso wie das wahre Leben auf der Rennstrecke. Es war spannend, für mich etwas total Neues, und es machte mir Freude! Ich hatte nie ein Problem damit gehabt, hart und schwer zu arbeiten. Körperliche Arbeit war auch jetzt kein Fremdwort für mich – im Gegenteil.

Am 14. Februar 2010 – es war Valentinstag – kam Bär, wie ich ihn liebkosend nannte, mit einem Strauß roter Rosen zu mir und sagte: „Für dich, mein Schatz, ich liebe dich!“ Es rührte mich sehr und mir kullerten Tränen über die Wangen. Zugleich schämte ich mich, denn ich hatte nichts für Bär, was ihm aber, wie er sagte, nichts ausmachte.

Wir sahen uns täglich, liebten uns häufig und konnten nicht nur lachen, sondern auch miteinander reden. Unsere Lust hätten wir gern noch mehr ausgelebt, schafften es aber irgendwie nicht. Am liebsten hätte ich mal einen zweiten Mann dabeigehabt – einen, der nicht nur gut gebaut war, sondern auch große Hände hatte.

Weil Krzysztof es liebte, sagte er immer wieder, wie geil ich doch wäre, weil ich all dies mitmachte. So eine Frau wie mich wünsche er sich schon lange. Eines Abends lud er mich in den Swingerclub ein, in dem wir uns kennengelernt hatten. Seine Gefühle für seine Frau waren eher Schein als Sein und es ging ihm nur darum, ihrer gemeinsamen Tochter eine heile Welt vorzugaukeln. Seine Frau war für ihn nichts weiter als eine Hausfrau – ein Dummie, mit dem er machte, was er wollte. Jedoch kam mir nie in den Sinn, dass er sie schlug. Bis er eines Tages zu mir sagte: „Wenn die Alte nicht pariert, dann kriegt sie eins übergebraten. Und wenn das nicht hilft, wiederhole ich das, bis sie es kapiert!“ Das waren Worte, wie Olaf – mein Vater – sie immer wieder mal gesagt hatte. Nach diesem

Erlebnis begann ich mich von Krzysztof zu distanzieren, was jedoch nur kurze Zeit anhielt, da er mich auf Händen trug. Mir gegenüber war er liebevoll, kümmerte sich und zeigte sich zu keiner Zeit aufbrausend.

Kommen wir zurück zu dem Abend im Swingerclub. Wir vergnügten uns, genossen den Abend, das Essen und den Sex. In verschiedenen Räumen ließen wir unserer Lust freien Lauf, denn Krzysztof war überaus potent, er stand mehrmals hintereinander ohne nennenswerte Pause seinen Mann. An dem Abend lernten wir in der Diskothek des Clubs Bianca und Jürgen kennen. Wir unterhielten uns und drehten gemeinsam eine Runde durch den Club. Krzysztof und ich gingen in das Herzchenzimmer. Das war ein Raum, der aussah, als gehöre er einer Edelhure. Ein Spiegel hing über dem Kopfende des Bettes an der Wand. Das Bett selbst war zwei mal zwei Meter groß und in dem Raum war es recht dunkel. Für meinen Geschmack roch es ziemlich muffig. Nach einer Weile kamen Bianca und Jürgen nach. Sie legten sich neben uns auf das Bett und schärften sich bei unserem Anblick, ebenso wie wir es bei ihrem Anblick taten, an. Je mehr Lust wir alle verspürten, desto intensiver berührten wir einander. Wir tauschten die Partner, aber nur zum Spielen, nicht für den eigentlichen Sexakt. In diesem Moment schaffte Bianca es, dass ich als Frau eine Frau mochte. Und zwar so richtig. Sie war sinnlich, schlank, hatte schwarze, etwas über schulterlange Haare, dunkle Augen, ein nettes Wesen. Sicherlich war sie etwas durchgeknallt, ansonsten aber völlig in Ordnung. Ich hatte schon gedacht, dass es so was nicht mehr geben würde, denn Frauen waren oft so anders – hinterlistig, falsch und zickig.

Als wir alle vier nach einem ausgiebigen erotischen Spiel k. o. waren, gingen wir hinunter an die Bar, tranken, lachten und rauchten unsere Zigaretten. Am frühen Morgen verabschiedeten wir uns voneinander und gingen unserem Alltag nach.

Dann schufteten Krzysztof und ich zwei Wochen lang. Wir arbeiteten von früh bis in die Nächte hinein, manchmal auch bis zum nächsten Morgen. Hin und wieder lebten wir abends gemeinsam unsere Lust aus, um kurz darauf wieder zu arbeiten. Am Ende dieser zwei Wochen fuhren wir erneut in den Club und trafen das Pärchen vom letzten Mal wieder. Bianca, die es bedauerte, dass wir unsere Telefonnummern nicht ausgetauscht hatten, bat darum, es nachzuholen.

Von dem Tag an telefonierten Bianca und ich häufig miteinander, schrieben uns Nachrichten und verstanden uns wirklich gut. Wir bauten eine Freundschaft auf und schütteten einander unsere Herzen aus, hielten zusammen und hatten unseren Spaß. Nicht den Spaß, den man jetzt meinen könnte, aber wir lachten viel miteinander und tranken hin und wieder einen Kaffee zusammen. Sexuell machten wir in all der Zeit nur zwei oder drei Mal was zusammen.

Ja, ich vermisse sie. Nicht, damit ich mich bei ihr ausheulen könnte, sondern um mit ihr etwas zu unternehmen. Irgendwie tat sie mir gut – und ich ihr. Und ja, ich mochte sie sehr! Leider brach der Kontakt aufgrund eines Missverständnisses ab.

In der Zeit lernte ich Adrian kennen. Er war Lackierer in einem Autohaus, sprach kaum Deutsch und war total zurückhaltend und um einiges jünger als ich. Ich brachte ihm die deutsche Sprache näher und wir verstanden uns an sich recht gut. Er war oft auch in den späten Abendstunden, wenn kein Betrieb mehr war, in der Werkstatt und bereitete alles vor, was lackiert werden sollte. Natürlich war das Schwarzarbeit!

Irgendwann war es an der Zeit, dass ich eine Wohnung suchte, zumal die Pension von Mama Hafer nicht gerade günstig war. Und weil wir alle so gut wie nie zu Hause waren, kamen Adrian und Krzysztof auf die Idee, dass ich erst einmal zu Adrian ziehen und wir eine Scheinbeziehung führen sollten. Das wäre nicht das Problem gewesen, aber Adrians Wohnung war nur ein kleines Apartment mit Kochnische und Bad, was für uns beide dauerhaft zu klein gewesen wäre. Deshalb beschlossen Adrian und ich, uns eine gemeinsame Wohnung zu suchen und eine WG zu gründen. Schließlich verstanden wir uns gut. Doch es dauerte eine Weile, bis wir etwas Passendes gefunden hatten. Durch Zufall fanden wir ein Haus im Rheinland, dessen Zimmer sich über drei Etagen verteilten. Im Erdgeschoss befanden sich die möblierte Küche, das Wohnzimmer und der Essbereich, in der ersten Etage waren Badezimmer und ein Schlafzimmer, das ich mir aussuchte, und unterm Dach befand sich das Studiozimmer mit separatem Zimmerchen, quasi ein weiteres Kinderzimmer, inklusive Einbauschränken. Hier fand Adrian sein Reich.

So zogen wir im Jahr 2010 dort ein. Der Mietvertrag lief auf Adrians Namen. Die geforderte Kaution hinterlegte er als Bankbürgschaft. Wenig später hatte er sich unterm Dach eingerichtet. Ich nahm, weil ich wieder Kontakt mit meiner Familie hatte, fürs Erste das alte Bett von meiner Mutter Inge, mit, die sich ein neues gekauft hatte, und die Wohnzimmerschrankwand. Aber wir brauchten auch etwas für den Essbereich, und deshalb kaufte ich eine Essgruppe in Nussbaumoptik, bestehend aus zwei Bänken und einem Tisch. Da wir auch noch vieles andere brauchten, besorgte ich die Tapeten und einiges an Haushaltswaren und Geschirr. Den Geschirrspüler übernahmen wir von einem Haus, welches wir entrümpelten. Dennoch gab es einen Nachteil. Krzysztof wohnte nur circa vier Minuten mit dem Auto entfernt. Und da ich sowohl mit Adrians als auch mit Krzysztofs Auto fuhr, mussten Adrian und ich unsere Scheinbeziehung immer wieder in den Vordergrund stellen, damit Emilia, Krzysztofs Frau, nicht erfuhr, dass ihr Mann eine Affäre hatte.

Eine brutale polnische Affäre

Am Morgen nach Adrians Geburtstag, den er außer Haus verbrachte, kam er völlig betrunken mit dem Auto nach Hause gefahren. Der hatte echt eine Macke. Besoffen Auto fahren, wo gab es denn so was? Ich hielt ihm vor, wie unverantwortlich das war.

Im Laufe der Zeit wurde Adrian immer deprimierter und hatte einen Hass auf Krzysztof, seinen Arbeitgeber und überhaupt jeden. Er kam sich – und da konnte ich ihn gut verstehen, weil es mir auch oft so ging – benutzt, ausgenutzt und einfach nur verarscht vor. Alles durfte er für einen Hungerlohn machen, dabei aber niemals auch nur einen Mucks von sich geben. Trotz seiner Launen war ich sehr dankbar dafür, dass ich wieder Fuß fassen konnte.

Als ich Adrian irgendwann eröffnete, dass Krzysztof die Arbeit, die er leistete, für viel mehr Geld verkaufte, als er an ihn zahlte, war dieser natürlich stinksauer. Ja, vielleicht hätte ich schweigen sollen, aber ich fand es auch nicht richtig, dass Adrian nächtelang schuftete und statt der gerechtfertigten sechshundert Euro nicht einmal dreihundert für eine Lackierung bekam. So etwas machte man nicht unter Freunden. Dadurch, dass er nun die Wahrheit kannte, wurde Adrians Hasskappe auf Krzysztof zunehmend größer. Zumal er herausfand, dass dieses Vorgehen kein Einzelfall, sondern Krzysztofs tägliches Geschäft war. Das erklärte auch, warum es Krzysztof an nichts mangelte.

Ich arbeitete indessen nur „nebenbei" und verdiente damit mein Geld. Ich verkaufte beispielsweise Reinigungsmittel, aber an Unternehmer und nicht über sogenannte Verkaufspartys an Haushalte, und verdiente auf diese Weise meine Provision, die gar nicht so schlecht war. Auch halfen mir Adrian und Krzysztof, indem sie das Gewerbe auf sich anmeldeten. So hatte ich ein „Einkommen", ohne auf dem Papier eines zu haben.

Da spricht an sich ja auch nichts gegen. Aber irgendwie wollten alle mehr. So entstand die Idee, den Vertrieb auszuweiten. Wir bezogen Mode mit ein – ein Geschäft, das aufwendig war, aber nicht angenommen wurde. Auch Dildos nahmen wir in unser Angebot auf, aber die zu verkaufen hatte ich keine Lust. Mittlerweile stand ich unter Druck, all dies tun zu müssen, obwohl ich es gar nicht wollte.

Schließlich beschränkte ich mich auf das, was ich konnte, und das war das Verkaufen meiner Lieblingsprodukte: Reinigungsmittel. Faire, ehrliche, saubere und gute Geschäfte. Verkäufe, wie ich sie von früher gewohnt war, bestimmten wieder mein Leben. Auch auf der Rennstrecke, also im Motorsport, denn die Reinigungsmittel, welche das Unternehmen anbot, wurden nur durch mich dort so bekannt.

Ich zeigte einer nicht unbekannten Vertriebsleitung, wie man die Leute ansprach, ihnen die Mittelchen verkaufte und erklärte, wofür sie gut waren. Erst danach brachte dieses Unternehmen das sogenannte „Auto-Paket" auf den Markt. Ich erstellte also ein Paket, welches sinnig war und sich gut verkaufen ließ, und das Unternehmen machte dieses zu seinem. Das war zwar irgendwie genial, jedoch ging ich dabei leer aus.

Um zu Adrian zurückzukommen: Er hatte sich an dem Morgen nach seinem Geburtstag nicht nur betrunken hinters Steuer gesetzt und damit Menschen gefährdet, nein er war auch noch bei Emilias Vater gewesen. Über diesen hatte er sich online einen Flug nach Polen buchen lassen, weil er selber nicht im Besitz einer Kreditkarte war. Krzysztofs Schwiegervater hatte sich danach bei Krzysztof beschwert und gefragt, weshalb der Junge betrunken Auto fahre.

Oh je, das bedeutete Ärger!

Nach dem Mittag kam Krzysztof wutentbrannt zu uns. Er schrie rum, mal auf Deutsch, mal auf Polnisch, und fuchtelte mit seinen Armen wild umher, ehe er sich an Adrian vergriff, ihn auf das Bett schubste und ihn weiter verbal runtermachte. Ich hatte Angst, dachte mir aber, dass Krzysztof mir nichts tun würde, da ich ja nichts mit dem Grund für seinen Ärger zu tun hatte. Ja, denkst du! Krzysztof kam zu mir in die Küche, wo ich gerade putzte und aufräumte, und sagte doch tatsächlich: „Warum passt du nicht auf den Jungen auf? Weißt du, was er meinem Schwiegervater erzählt hat? Du bist schuld, dass ich jetzt den Ärger habe!" Dann langte er mir eine. Adrian, der die Treppe runtergekommen war und vom Flur aus zusah, schüttelte nur den Kopf und ließ seinen Tränen freien Lauf, tat jedoch nichts. Nachdem ich drei weitere Ohrfeigen kassiert hatte, verließ Krzysztof, sauer, wie er war, das Haus und fuhr davon. Als ich zu Boden sank, kam Adrian zu mir und wollte mich in den Arm nehmen, aber ich wies ihn von mir, denn es war seine Schuld, dass Krzysztof mich geschlagen hatte. „Krzysztof ist große Arschloch! Nur Geld, nur Scheiße!", schrie er immer wieder. Warum ließ er sich dann wie ein Narr von ihm ausnehmen?

Krzysztof rief einige Male von unterwegs an, aber ich hatte keine Lust, mit ihm zu sprechen. Also ignorierte ich seine Anrufe. Eine Stunde später war Krzysztof wieder da. Er parkte hinter dem Haus und kam hereingestürmt. Ich lag mit einem Eisbeutel auf dem Sofa und starrte ihn an. Erst schwieg er, aber dann wurde es brenzlig. Zielstrebig kam er auf mich zu, packte mich, schlug mich mehrfach und zog mich zuerst an den Armen, dann an den Haaren. Immer wieder schlug er mir auf den Kopf. „Hab ich dir nicht gesagt, was du zu machen hast?", brüllte er. „Warum gehst du nicht an dein scheiß Handy?" Und wieder verpasste er mir eine. Ich schwieg einfach nur und senkte den Kopf, der höllisch pochte. Krzysztof drehte sich um und schmiss alles, was auf dem Esstisch stand, auf den Boden, kam abermals auf mich zu, packte mich am Arm und brüllte: „Wenn ich wiederkomme, dann ist das hier alles picobello! Hast du mich verstanden?“

Super, mein Bärchen entpuppte sich also ebenfalls als ein mieser Frauenschläger! Ich wollte so schnell wie möglich das Weite suchen und nicht in seinen Fängen bleiben. So etwas hatte ich ja bereits hinter mir. Nein, das konnte ich mir nicht gefallen lassen. Statt ihm zu antworten, schwieg ich. Was für ein Arschloch! Hilfe!

Mein Schweigen brachte ihn zusehends in Rage. „Ob du mich verstanden hast, will ich wissen?“ Wütend zerrte er an meinem Arm.

„Ja, ich hab dich verstanden!“, brüllte ich und heulte. Er verpasste mir zwei weitere Schläge auf den Kopf, und weil ich mich wegdrehte, einen auf den Rücken. Mann, tat das weh! „Ich will's hoffen, sonst passiert ein Unglück!“ Mit diesen Worten drehte sich Krzysztof um und ging.

Ich räumte alles auf und schleppte mich dann in mein Zimmer. Irgendwann kam Adrian runter und fragte allen Ernstes, was mit mir los sei. Nachdem ich ihm wiederholt klargemacht hatte, dass ich seinetwegen den ganzen Stress hatte, weil er nur noch am Saufen war und Blödsinn machte, erwiderte er: „Scheißegal. Mir ist alles egal. Ich will nicht mehr! Scheiß Krzysztof, soll sich andere Idiot suchen!“ Dann ging er in den Keller, um sich ein Bier zu holen.

Na super!

In der nächsten Zeit wurde Adrian immer depressiver, arbeitete aber weiter für Krzysztof, weil der ihn unter Druck setzte. Er gab immer mehr Geld für was auch immer aus, beglich jedoch nicht mehr die anteiligen Mietkosten und gab auch kein Geld mehr für Lebensmittel dazu. Das war echt mies! Krzysztof half mir das ein oder andere Mal und gab mir den fehlenden Betrag, was aber keine Lösung war. Wir waren gespannt darauf, wann Adrian sich berappelte und wieder normal wurde. Ich hoffte, es würde schnell geschehen, denn dauerhaft konnte ich die finanzielle Last nicht tragen, auch wenn bei mir manche Monate gar nicht so schlecht liefen. Immerhin lag die Warmmiete bei monatlich achthundertvierzig Euro. Hinzu kamen die Nebenkosten und die Lebenshaltung. Adrian hielt es nicht für nötig einzukaufen, aber mir alles wegfuttern, das konnte er.

Eine große Belastung, die ich nicht dauerhaft stemmen konnte! Ich legte mich beruflich immer mehr ins Zeug und verkaufte mittlerweile an so viele kleine Geschäfte, Händler und Dienstleistungsanbieter, dass ich den ganzen Tag beschäftigt war. Bei den vielen Einzelverkäufen rentierte sich das bald nicht mehr. Ich war nur noch unterwegs und war froh, wenn ich mal einen Moment für mich hatte. Irgendwann musste ich dann einfach raus, abschalten und auf andere Gedanken kommen.

Krzysztof unterstellte mir, ich sei schuld an Adrians Alkoholabhängigkeit, und wurde immer aggressiver. Ich hatte das zu machen, was er sagte, ehe es Schläge gab. Mindestens eine Ohrfeige pro Woche setzte es grundsätzlich, selbst wenn alles gut war. Krzysztof meinte dann, dass ein wenig Erziehung nicht schade. So ein Unsinn! Genauso war Rudi auch gewesen!

In Panik und aus Angst tauschte ich mich immer öfter mit Bianca aus, die so manches Mal in Sorge um mich war. Natürlich stellt sich nun die Frage, warum man in einer solchen Situation bleibt? Weshalb trennt man sich nicht von so einem Schwein? Wieder einmal war ich eingeschüchtert und hatte Angst! Zudem war ich der Meinung, dass ich das allein nicht packen konnte. Heute weiß ich, dass ich mein Ziel schneller erreicht hätte, wenn ich einfach gegangen wäre.

An den Tagen, an denen ich mich besser mit Adrian verstand, beschlossen wir, Krzysztof gemeinsam aus unserem Leben zu verbannen, was aber immer wieder daran scheiterte, dass Krzysztof seine ständig ausgesprochenen Drohungen konsequent umsetzte und uns damit handlungsunfähig machte.

Da im Motorsport Leute gesucht wurden, die helfen und anpacken konnten, und zudem das Haus, welches Krzysztof sich kaufen wollte, entrümpelt werden musste, fragte er mich, ob ich jemanden wüsste, der uns helfen könne. Warum auch immer, dachte ich an meinen jüngsten Bruder Daniel. Ich hatte ja in der vergangenen Zeit nur ganz spärlich Kontakt zu ihm und meiner Mutter Inge gehabt. Sie kontaktierten mich und fragten mich bei der Gelegenheit, ob ich die alten Möbel gebrauchen könne, ehe sie sie wegwarfen. Und da mein Bruder immer chronischen Geldmangel hatte, kam er mir in den Sinn.

Verdammter Alkohol!

Unser Einzug ins Haus war zwar schon einige Zeit her, aber die Einweihungsfeier stand noch aus. An einem Freitag Mitte September 2010 holte ich sie nach. So feierte ich einen Neustart, der schlimmer nicht hätte sein können. Mit mir feierten Bianca und ihre Polizisten-Freundin, der Weinhändler, den Bianca eingeladen hatte, Daniel und Krzysztof. Adrian kam an dem Abend schlecht gelaunt nach Hause, setzte sich kurz zu uns und ging dann in sein Zimmer. Als er später noch einmal runterkam, war er komisch drauf. Nicht wie sonst, aber immerhin nicht mehr so schlecht gelaunt. Er gesellte sich zu uns und trank Bier und Schnaps im Wechsel. Seine Pupillen wurden immer größer und sein Verhalten war merkwürdig. Aber okay, vielleicht vertrug er an dem Abend auch einfach nichts. Doch je mehr er trank, desto auffälliger wurde er.

Ich hatte ein kaltes Buffet zubereitet mit Frikadellen, Käsehäppchen, Kartoffel- und Nudelsalat. Es war lecker wie immer und wir ließen fast nichts übrig. Dazu gab es Schnaps, Sekt, verschiedene Spirituosen, Wein, Bier und Cola. Nicht im Übermaß, sondern als einen gemütlichen Umtrunk, der sich zumindest für mich schnell erledigte. Nach nur ein paar Schlückchen stellte ich mein Glas beiseite und blieb lieber wachsam.

Ich ahnte bereits, dass es Ärger geben würde. Mir war das einfach nicht geheuer. Da sonst niemand mehr fahren konnte und Bianca und ihre Freundin noch nach Hause mussten, blieb ich fahrtüchtig, damit sie sich das Taxi sparen konnten.

Adrian wurde immer bekloppter. Er nahm einen wellenförmigen Dildo und setzte ihn sich auf den Kopf. Dann saugte er daran und wollte ihn sich in den Po stecken. Mann, war das peinlich! Den Mädels wurde es zu viel und ich brachte sie nach Hause. Als ich zurückkam, saßen Krzysztof, Adrian und Daniel noch immer zusammen, rauchten und tranken. Offenbar fanden sie kein Ende. Ich war ziemlich sauer, aber was sollte ich machen? Die Luft war raus, seitdem Adrian sich wie ein Depp benommen hatte. Jetzt kam er nicht mal mehr vom Sofa hoch und fiel, als er es doch versuchte, mitsamt dem Tisch um. Als wir ihm aufhalfen, wurde er so wild, dass er um sich schlug. Statt aber nach oben in sein Zimmer zu gehen, taumelte er in die Küche, öffnete den Kühlschrank und wollte wie ein Idiot den übrig gebliebenen Salat direkt aus der Schüssel essen. Dabei schaffte er es nicht einmal mehr, die Gabel richtig zu halten, geschweige denn den Salat ohne zu kleckern in den Mund zu befördern.

Na, das war was!

Es gibt Videos davon, aber die haben eine kleine Macke und ich weiß nicht, ob man die wieder hinbekommt.

Irgendwann war auch dieser Abend zu Ende. Wir waren alle mehr als geschafft. Daniel schlief in meinem Schlafzimmer, Krzysztof und ich im Wohnzimmer und Adrian oben bei sich im Zimmer. Immer wieder kam er die Treppe heruntergepoltert und wollte irgendwas, aber keiner von uns, nicht mal Krzysztof, verstand ihn. Jedes Mal schickten wir ihn wieder nach oben, aber es dauerte nicht lange, da war er wieder da. Dann versuchte er ständig abzuhauen. Mal nackt, schließlich mit Slip. Herrje, war das ein Affenzirkus! Irgendwann hatten wir keine Lust mehr darauf, ließen Adrian einfach gewähren und versuchten zu schlafen, was uns auch gelang, weil wir die Türe zwischen Küche und Flur abschlossen.

Am Morgen danach stellten wir fest, dass die Haustür offen stand und überall Adrians Klamotten herumlagen – Hose, Gürtel, T-Shirt, Schuhe und Pantoffeln –, von seinem Zimmer bis hin zu seinem Auto, dessen Tür ebenfalls geöffnet war. Krzysztof rannte die Treppe hoch in Adrians Zimmer und fand ihn mit zig leeren Schnaps- und Bierflaschen neben sich völlig betrunken in seinem Bett liegen. Als Krzysztof ihn weckte, war Adrian total verschreckt und zunächst auch gar nicht ansprechbar.

Komisch!

Krzysztof sprach ganz langsam auf Polnisch mit ihm, schließlich hatte Adrian zugesagt, ihm beim Ausräumen des Hauses zu helfen, das er kaufen wollte. Aber

Adrian war an diesem Tag zu nichts zu gebrauchen. Es war auch nicht aus ihm herauszukriegen, was mit ihm am Abend los gewesen war. Das Dumme war, dass sein Geldbeutel weg war. Irgendwann später wurde dieser einen guten Kilometer entfernt auf einem Feld gefunden. Adrian hatte Glück, dass nur das Geld weg war und nicht seine Papiere. Was war das Geschrei groß! Alles im Haus musste durchsucht werden. Sämtliche Matratzen, Taschen, Geldbeutel, jeder noch so kleine Winkel, aber keiner von uns hatte Adrian beklaut und niemand war an seinen Sachen gewesen. Daniel fühlte sich bei all dem sichtlich unwohl und machte eher den Anschein, als hätte man ihn bei irgendwas ertappt. Dem schenkte ich jedoch erst viel später Bedeutung.

Der Freitagabend war jedenfalls gelaufen, und der Samstag erst recht. So fuhren wir zu dritt zu dem neuen Haus und halfen Krzysztof.

Als wir am Abend zurückkamen, war Adrian schon wieder besoffen. Er wirkte, als wäre er gestört, saß da, hatte wässrige Augen und schlug nur so um sich. Wir verstanden das nicht. Krzysztof schickte ihn auf sein Zimmer, aber davon wollte Adrian nichts wissen.

Oh mein Gott, was war nur mit ihm los?

Was für ein Tag! Wir hatten uns stundenlang abgeschuftet, schwer geschleppt und uns den Dämpfen von giftigem Müll ausgesetzt, und der Idiot hatte nichts Besseres zu tun gehabt, als sich mal wieder volllaufen zu lassen. Und da ich von Natur aus nicht zimperlich war und bin, hatte ich an dem Tag tatkräftig mit angepackt. Nichts war mir zu schwer oder nicht machbar. Das bezog sich aber nur auf körperliche Arbeit, die er leistete, doch dafür mochten mich alle. Auch in den Werkstätten.

Wir waren uns einig: Adrians Verhalten war nicht fair. Weil wir erschöpft und müde waren, gingen wir recht bald zu Bett und hätten bestimmt auch durchgeschlafen, wenn da nicht Adrian gewesen wäre, der immer wieder die Treppe rauf und runter polterte.

Krzysztof sagte am nächsten Morgen, dass das ein Nachspiel haben werde, doch was er damit meinte, konnte ich nicht deuten.

Zunächst brachten wir Daniel zum Bahnhof, von wo aus er nach Hause fuhr. Er verdiente übrigens – schwarz, unter der Hand – nicht schlecht, aber für die körperliche Arbeit zu wenig.

Als Krzysztof und ich zurückkehrten, war es verdächtig still im Haus. Adrian saß am Esstisch und wirkte traurig. Er tat mir leid, denn an sich war er ja ein netter und sonst auch hilfsbereiter Kerl. Ich hätte ihm gern geholfen, wusste aber nicht wie. Krzysztof hatte keine Zeit und wollte sich das Elend auch nicht antun. Also verabschiedete er sich mit den Worten: „Du redest mit ihm und ich komme nachher wieder!“

Als ich mich zu Adrian setzte, sah er mich fragend an. „Nicki, sag mir, was ich soll machen! Ich will nicht mehr! Besser ich tot!“

Seine Worte trafen mich. Inzwischen stöhnte er schon seit Wochen so und keiner von uns schaffte es, ihn positiv zu stimmen, ihn an die Hand zu nehmen, um gemeinsam mit ihm den Sinn des Lebens wiederzufinden.

Ich redete zwei Stunden lang mit ihm, und immer noch jammerte er. Da platzte mir die Hutschnur und ich sagte: „Adrian, mach, was du willst, aber hör auf zu jammern! Wenn du meinst, dass du dich umbringen musst, dann tu es. Wenn du aber noch was vom Leben haben willst, dann lass es uns wissen, wir helfen dir. Doch bitte, bitte jammere uns nicht voll und nimm uns nicht unsere Sachen, und mir vor allem nicht mein mühsam Erarbeitetes!“ Mit diesen Worten ging ich raus – ich brauchte frische Luft. Als ich wieder reinkam, war Adrian in sein Zimmer gegangen.

Ich saß im Wohnzimmer und sah fern, als ich immer wieder Schreie hörte. Um der Sache auf den Grund zu gehen, ging ich hinauf zu Adrian, aber er schickte mich wieder weg. Einige Zeit später hörte ich ihn aus seinem Zimmer kommen und die Treppe herunterpoltern. Auf dem Weg ins Badezimmer war er gestürzt. Er machte sich in die Hose, sprach mit den Wänden und den Türen und pinkelte schließlich an die Wand.

Ich wollte Adrian nach oben helfen, aber er schlug mich und wies mich ab. Ehe ich auch noch die Treppe herunterpurzelte, ließ ich es lieber. Irgendwie schaffte Adrian es wohl, selbst in sein Zimmer zu gelangen, denn als ich wieder nachsah, war er weder im Badezimmer noch in der übrigen ersten Etage. Als ich das Bad betrat, wurde mir kotzübel, denn überall waren Urinspuren und alles war vollgeschissen. Und wer durfte es wegmachen? Richtig, ich! Das war eine riesen Sauerei!

Mir war die Sache nicht geheuer und ich wollte mich auch nicht selbst in Gefahr bringen, wusste ich doch, dass Menschen, die sich in einem solchen Zustand wie Adrian befanden, unberechenbar und gefährlich sein konnten. Also rief ich Bianca an und telefonierte an diesem Abend sehr lange mit ihr, zumal ich nicht wusste, wie es weitergehen sollte. Weil es im Haus verdächtig still geworden war, riet mir Bianca, noch einmal nach Adrian zu sehen. Mit ihr zusammen am Handy ging ich zu ihm rauf und sah ihn in seinem Bett liegen. Überall lagen Schnapsflaschen und Tablettenpackungen herum – lauter polnisches Zeug. Adrian regte sich nicht. Seine Klamotten und auch sein Bett waren nass und rochen nach Urin. Was mir aber viel mehr Sorgen machte, war, dass er sich kaum noch bewegte, auch nicht beim Atmen. Als ich ihn rüttelte, stellte ich fest, dass er Atemaussetzer hatte. Das erinnerte mich an Situationen, in denen meine Mutter zu viel Alkohol zu sich genommen, sich also quasi ins

Koma gesoffen hatte. Ich sagte Bianca Bescheid, die daraufhin mit dem Hinweis auf versuchten Suizid einen Rettungswagen anforderte.

Richtig gehandelt! Das hätte jeder getan!

Es dauerte eine Ewigkeit, bis Hilfe eintraf. Erst kam ein Rettungswagen mit Sanitätern, dann die Polizei und ganz zum Schluss der Notarzt.

Sie nahmen Adrian mit ins Krankenhaus, wo er erst einmal auf die Intensivstation kam, bevor er in die Landespsychiatrische Klinik überstellt wurde. Adrian bat mich, ihn zu besuchen und in seinem Beisein mit den Ärzten zu sprechen, da er manches nicht verstand. Zudem sollte ich die ganzen Tablettenschachteln, die in seinem Zimmer herumlagen, mitbringen, weil er belegen sollte, was er da geschluckt hatte.

Im Gespräch mit den Ärzten bekannte sich Adrian dazu, dass er vorgehabt habe, sich umzubringen. Er sprach nicht nur mit mir, sondern auch mit seinem Kollegen Bogumil über so manche Dinge, gerade auch über Krzysztof. Adrian und ich hatten bis zu seinem Absturz ein recht gutes Verhältnis gehabt und er vertraute mir weiterhin. Darum beschloss ich ihm so gut es ging zur Seite zu stehen. Adrian wollte auch, dass ich den Ärzten erklärte, was in ihm vorging. Zudem übersetzte ich ihm auf meine Art, an die Adrian gewöhnt war, was die Ärzte ihm erklären und von ihm wissen wollten.

Als ich an dem Abend nach Hause fuhr und versuchte, das Chaos zu beseitigen, welches Adrian und der Rettungsdienst hinterlassen hatten, kam Krzysztof und schlug mir mitten ins Gesicht. „Du bist schuld daran, dass Adrian sich betrunken umbringen wollte! Du hast nicht auf den Jungen aufgepasst!"

Als ich ihn daraufhin anschrie und sagte, dass ich gar nicht da gewesen sei, bekam ich gleich noch eine Ohrfeige.

Und schon ging das Albtraum-Märchen weiter, denn von da an gab es keinen Tag, an dem ich nicht verschont blieb, weil Krzysztof nichts Besseres zu tun hatte, als seine Wut an mir auszulassen.

Scheiße! Warum war ich nicht abgehauen?

Adrian bat mich immer wieder, ihn nicht allein zu lassen und für ihn dazu sein. Er wollte sich ändern und gemeinsam mit mir von Krzysztof wegkommen. Und ich brachte es nicht über das Herz, den Jungen mit dem Arsch allein zu lassen.

Oh Mann, ich bin einfach zu gut für diese Welt!

Doch ich erntete keinen Dank – ganz im Gegenteil!

Nach vierzehn Tagen wurde Adrian aus der Klinik entlassen und fand die ganze Situation auch noch lustig. Statt sich zu bessern, hatte er zum Schein in der Klinik alles mitgemacht, was er machen sollte. Doch kaum war er draußen, ging das ganze Theater wieder von vorne los. Er trank und schluckte Tabletten, als wenn es kein Morgen gäbe. Was zum Teufel warf er sich denn da nur ein? Laut den Ärzten in der Klinik waren es Schmerz- und Schlafmittel.

Am 13. März 2011 war Adrian verdammt schlecht gelaunt und richtig aggressiv. Es war kurz vor elf Uhr abends, als ich ein verwüstetes Haus vorfand. Ich traute meinen Augen kaum bei dem, was ich da sah. Das Sofa war zerstochen worden und überall lag was rum. Pakete und all die Sachen, die wir gekauft hatten und die in der Garage und im Anbau standen, waren aufgerissen und leer geräumt. Ich beschloss, bei Adrian nach dem Rechten zu sehen, denn ich hatte ja wohl ein Recht darauf zu wissen, was hier los war.

Ich lief also hinauf in sein Zimmer und sah ihn auf seinem Bett sitzen. Als er mich bemerkte, stand er auf, kam auf mich zu, holte aus, packte mich und sagte: „Ich will nicht mehr! Ich zieh aus!"

„Okay, dann zieh aus!", entgegnete ich wütend. „Aber was habe ich mit deinem Problem zu tun, und vor allem was haben die Möbel damit zu tun? Ich kaufe doch nicht für viel Geld alles ein, damit du es mir kaputt machst oder wegschmeißt oder verkaufst!" Adrian schwieg zunächst, dann sagte er, dass sein Auto weg sei. „Welches?", fragte ich. Mir war bekannt, dass er mehrere Fahrzeuge besaß, wusste aber nur von drei.

Was war mit dem besagten Auto geschehen? Weshalb war es weg? Adrian war den ganzen Tag allein zu Hause gewesen. Keine Ahnung, was er angestellt hatte.

Adrian war so komisch. In der nächsten Zeit wurde er immer ruhiger, stiller, zog sich zurück und machte einen auf Unschuldslamm und „Ich will nicht mehr …". Er verkaufte seine Fahrzeuge, nahm meine und auch Krzysztofs Sachen, die im Haus waren, und machte alles zu Geld.

Ich wollte mir das nicht länger gefallen lassen. Als Dank dafür, dass ich ihm half, das Geld für uns beide verdiente, die Mietzahlungen allein trug und ihn auf meine Kosten versorgte, machte er jetzt auch noch alles kaputt.

Aber damit nicht genug. Adrian wurde immer gewalttätiger. So griff er mich zweimal fies an, schubste und schlug mich. Unsere Wohngemeinschaft hatte keinen Sinn mehr.

Nachdem ich ihn wortreich zusammengestaucht hatte, ging es für ein paar Tage gut. Doch eines Tages, als ich von der Arbeit kam, sah ich Adrian im Eingangsbereich auf dem Boden liegen, neben ihm eine Flasche Blumendünger, die offen und verschüttet war, zwei Bierflaschen und eine Flasche Whiskey, aber – und das war das Erschreckende – mit einer Spritze im

Arm! Was hatte er sich da nur reingejagt? Es war ein grauenvoller Anblick.

Ich versuchte ihn hochzuholen, was mir nur mit viel Mühe gelang. Erst war er wie regungslos, doch dann wurde er zum Tier. Er würgte mich und schubste mich von sich weg, sodass ich mit dem Kopf auf der Treppe aufschlug und Nasenbluten bekam.

Das war eindeutig zu viel. Ich packte ein paar Sachen zusammen und fuhr zu Bianca. Dort blieb ich für ein paar Tage, was aber keine Dauerlösung war. Ich musste von all dem erst einmal Abstand gewinnen. Schließlich fand ich ein Zimmer in einem Hotel nahe der Autobahn und nicht weit von unserem Haus entfernt. Es war zwar nicht günstig, aber immerhin hatte ich dort meine Ruhe.

Ein paar Tage später kehrte ich ins Haus zurück. Es war ein Winterabend und bereits dunkel. Im Essbereich stand ein Kerl – breit, massiger Körper, schwarzhaarig, gute ein Meter achtzig groß und alles andere als freundlich. Im Würgegriff drückte er Adrian an die Wand und ließ irgendwelche ausländischen Sprüche ab, die ich nicht verstand. Es war, wenn ich es richtig zuordnete, eine Mischung aus Russisch und Polnisch. Mit der freien Hand schlug er Adrian immer wieder.

Ich schrie: „He, aufhören, lass Adrian in Ruhe!“, und im nächsten Moment schubste der Fremde Adrian in den Keller hinunter und ging mich an. Er würgte nun auch mich und schlug mir ins Gesicht, dann verschwand er blitzschnell.

Ich war geschockt und brauchte einen Moment, bis ich nach Adrian sehen konnte. Er lag auf dem Kellerfußboden und sagte immer wieder: „Dziękujemy za to, że nie! Skurwiel, Skurwiel! Przynoszę Krzysztof!" Und sobald ich ihm meine Hilfe anbot, winkte er ab.

„Skurwiel" bedeutet „Arschloch", aber auch „Hurensohn". Das andere übersetzte mir später Krzysztof. Es hieß: „Ich bringe Krzysztof um!", und dass er mir dankbar sei. Ein bisschen Polnisch hatte ich in all der Zeit ja gelernt, Adrian dafür umso mehr Deutsch.

Ich ließ Adrian in Ruhe und rief Krzysztof an, denn ich wusste mir keinen Rat und war es leid, dass hier nun auch noch kuriose Typen auftauchten, die uns beiden ans Leder gingen. Krzysztof sagte, er wolle dem ein Ende bereiten. Er sei die Faxen dieses Dreckspolen leid und ich solle auf mich aufpassen.

Ich wartete also auf Krzysztof, während Adrian den Weg vom Keller in sein Zimmer fand. Bevor Krzysztof kam, stand plötzlich Adrians Kollege Bogumil in der Tür und verstand die Welt nicht mehr. Kaum war er wieder weg, kam Krzysztof angefahren.

„Wo ist der Bastard?", fragte er und rief durchs Haus, Adrian solle herkommen. Doch der rührte sich nicht.

Als ich Krzysztof den Wink gab, dass Adrian oben in seinem Zimmer sei, schaltete er die Sicherung für die oberen Räume aus und lief die Treppe rauf. Er hatte eine kleine Taschenlampe dabei und konnte den in einer dunklen Ecke klein zusammengerollten Adrian finden. Ich weiß gar nicht, was er sagte – das ist aber auf einer Sprachaufzeichnung zu hören, die ich mitlaufen ließ, um das Elend des Amoklaufs und die Körperverletzung zu dokumentieren sowie später meine Unschuld beweisen zu können –, aber er schrie wie wild und ich hörte, wie er Adrian zusammenschlug.

Krzysztof schrie immer wieder: „Ty draniu, co zrobiłeś? Dlaczego nie można zatrzymać? Zabiję cię, ty niewdzięczny świnia. Ty skurwysynu! Ci nie wstyd! Jak można być takim draniem? Co Nicole zrobiłeś, ty robisz wszystko złamane? Zabiję cię!"

Übersetzt heißt das: „Du Bastard, was hast du gemacht? Warum hörst du nicht auf? Ich bringe dich um, du undankbares Schwein. Du Hurensohn! Dass du dich nicht schämst! Wie kann man nur eine solche Drecksau sein? Was hat Nicole dir getan, dass du ihr alles kaputt machst? Ich bringe dich um!"

Das Ganze ging gute zehn bis fünfzehn Minuten. Als Krzysztof mit Adrian fertig war, kam er runter, nahm mich in den Arm und sagte: „Das erste Problem ist gelöst!"

Ich wusste nicht, wie ich reagieren sollte. Außerdem hatte ich Angst, dass Krzysztof mir ebenfalls etwas antun würde. Doch das tat er nicht. Stattdessen verabschiedete er sich und ging.

Völlig durcheinander rief ich Bianca an. Die wusste ja über alles Bescheid und sagte, dass ich sofort zu ihr kommen solle, ehe mir auch noch was passiere. Ich stimmte dem zu und sah noch kurz nach Adrian, der wirklich nicht gut aussah. Ich fragte ihn, ob ich einen Arzt rufen solle, aber er lehnte ab. Wobei ich mir nicht sicher war, ob er mich überhaupt verstanden hatte. Zitternd, gekrümmt saß er in einer Ecke des Dachstudios und heulte.

Nach einer fast schlaflosen Nacht fuhren Bianca und ich am nächsten Tag zum Haus. Die Nachbarn und Vermieter kamen gleich auf uns zu und berichteten, dass sich einige Leute am Haus aufgehalten und immer wieder geklingelt hatten. Ihre Autos hätten polnische und andere ausländische Kennzeichen gehabt, sagten sie. Deutsche seien es jedenfalls nicht gewesen. Aus Angst hatten sie nichts unternommen, waren aber dennoch in Alarmbereitschaft und hatten auch schon überlegt, die Polizei zu verständigen.

Super! Die Vermieter und die ganze Nachbarschaft waren unterrichtet, hatten aber Angst und wussten sich nicht zu helfen? Wie war das denn zu deuten? Ja, wie scheiße war das?

An einem anderen Tag, es war der 16. März 2011, fehlte von Adrian jede Spur. Er war wie vom Erdboden verschluckt. Damit war klar, dass das hier nun das Aus war. Als Krzysztof und ich am Haus ankamen, standen zig Möbel draußen. Alles war kaputt – Müll und echt für die Tonne. Ich rief meine Mutter an, mit der ich zu der Zeit kargen Kontakt hatte, und sie sagte: „Bestell einen Container und gib meine Adresse an!“ Ich brachte ihr vierhundert Euro in bar, damit sie den Container bezahlen konnte. Dass sie das nicht tat, hätte mir klar sein müssen. Aber nein, ich war mit so vielen Dingen beschäftigt, dass ich an ihre Spielchen in dem Moment nicht dachte.

Bianca half mir beim Beladen des Containers, nachdem dieser gebracht worden war. Viel war von den Einrichtungsgegenständen nicht mehr zu retten.

Den Mietvertrag für das Haus kündigte ich einvernehmlich mit den Vermietern, die dafür Verständnis hatten, und damit war das Ganze dann Geschichte.

Im Anschluss daran wohnte ich zunächst ein paar Tage im Auto und schloss schließlich einen Mietvertrag für ein möbliertes Zimmer in der Nähe der Werkstatt ab.

Der Versuch eines Absprungs

Ich nahm an, nun endlich wieder meine Ruhe zu haben, und freundete mich immer mehr damit an, dass ich allein leben und für mich selbst sorgen musste. Vielleicht hätte ich eine andere Stadt als Wohnort wählen sollen, aber nein, ich wohnte ab jetzt nur ein paar Straßen von der Werkstatt entfernt.

Krzysztof überließ mir immer eins von seinen Fahrzeugen, sodass ich weiterhin mobil war und arbeiten konnte. Anfangs war es wie zu Beginn unserer Beziehung recht normal zwischen uns, die Streitereien hatten sich gelegt. Aber schon bald wurde Krzysztof wieder aggressiver.

Im Mai 2011 erfuhren wir, dass Adrian Anzeige gegen Krzysztof und mich erstattet hatte. Tatvorwurf: gemeinsame Körperverletzung!

Unfassbar! Was hatte ich Adrian nur getan? Ich war die Einzige, die ihm geholfen und zu ihm gestanden hatte, die sich den Arsch aufgerissen und von deren Geld er nicht schlecht gelebt hatte. Und der Witz bis heute ist, dass nur ich das beweisen kann! Das Dumme ist aber, dass sich die entsprechenden Dateien nicht mehr alle abspielen lassen, da sie beschädigt sind. Ein Profi wird diese vielleicht wiederherstellen können. Anhand der Videos ist deutlich zu sehen, wie

Adrian drauf war, wenn wir nach Hause kamen. Es ist klar zu hören, was an dem späten Abend passierte, als Krzysztof Adrian brutal zusammenschlug. Da fällt einem nichts mehr zu ein! Auch hier ließ ich das Tonband meines Handys mitlaufen, damit mir nachher niemand etwas anhängen konnte. Ich hatte Adrian nie angefasst. Krzysztof hingegen war nicht zimperlich mit ihm umgegangen.

Krzysztof bekam Schiss, denn er wusste, dass ihm mit dieser Anzeige Gefängnis drohte, da er kein unbeschriebenes Blatt war. In seiner Wut über Adrians Handeln verprügelte er mich bis zum Letzten!

Wenn er mich in der Zeit danach auf der Straße sah, fuhr er nicht vorbei, sondern versuchte mich über den Haufen zu fahren und stieg sogar, obwohl es Zeugen gab, aus und schlug mich auf öffentlicher Straße. Wenn Sie, liebe Leserinnen und Leser, jetzt aber meinen, dass mir auch nur einer der Passanten geholfen hätte, dann irren Sie sich! Sie sahen zu, schüttelten den Kopf und gingen weiter!

Scheiße! Warum wieder ich? Warum musste ich das erleben? Ich hatte da ganz viele Fragezeichen im Kopf und war wirklich froh, dass ich dem irgendwann entfliehen konnte und so den Absprung schaffte.

Trotz des ganzen Ärgers brachte mir Krzysztof das Auto, nur dass dieses ein paar Tage später eines Morgens nicht mehr dastand! In das Auto war eingebrochen worden – warum auch immer! Jemand hatte die Scheibe an der Fahrertür eingeschlagen und das Navi, Geld und meine Papiere entwendet. Das war sehr merkwürdig! Die Polizei ließ das Fahrzeug, weil der Halter in der Straße nicht auffindbar war, zur Sicherung abschleppen.

Krzysztof machte ein Heidenzirkus und schlug mich, was das Zeug hielt, aber ich dachte mir meinen Teil. Und als ich ihm sagte, was alles fehlte, wurde er aggressiv und beharrte auf der Aussage: „Das, was du da sagst, stimmt nicht! Es war niemals ein Pferdesattel im Auto und auch kein weiteres Handy!" Woher wusste er das denn so genau, wenn er nicht selbst hinter dem Einbruch steckte?

Ungefähr zwei Wochen später fanden sich alle gestohlenen Gegenstände wieder und das Auto konnte bei der Polizei auf dem Hof abgeholt werden.

Ach was, und wo war das Diebesgut?

An Krzysztofs Arbeitsplatz im Keller! Er hatte also selbst in sein Auto eingebrochen und so getan, als wäre es Fremdeinwirkung gewesen. Und weil ich endgültig die Schnauze voll hatte, meldete ich mich mit der Adresse meines angemieteten Apartments bei der Behörde an, damit ich endlich wieder normal leben und vor allem auch Anzeige erstatten konnte. Krzysztof passte das rein gar nicht und hörte jetzt erst recht nicht auf, mich grün und blau zu schlagen, mir die Haare vom Kopf zu reißen und mich in einer Tour fertigzumachen! Kurzum, es war nicht auszuhalten. Also packte ich meine Siebensachen und lebte daraufhin erneut ein paar Tage in einem von Krzysztofs Autos, bis mir mein Freund Sebastian seine Hilfe anbot. Ich schlief ein paar Nächte bei ihm, was seiner Freundin aber gar nicht so recht war. Also ging ich wieder.

Ob Sie es mir glauben oder nicht, aber ich lebte dann tatsächlich unter einer Brücke an einem Parkplatz. Ich wusste nicht mehr, wen ich noch um Hilfe bitten sollte, ohne dass es Theater gab. Die meisten meiner Bekannten und Freunde hatten Familie, und die wiederum kannten mich nicht, was die Sache erschwerte.

Autsch! Das war mal ein voller Absturz!

Ja, toll war die Situation ganz sicher nicht. Ständig musste ich mich von irgendwelchen obdachlosen und dort parkenden schmierigen Kerlen anpöbeln, anfassen und bedrängen lassen – eine Katastrophe!

Um ehrlich zu sein, dachte ich zu der Zeit nicht daran, dass es ein Sozialamt gab und andere Stellen, an die ich mich hätte wenden können.

Frauke, eine Frau, die mit ihrem Hund öfter dort spazieren ging, half mir schließlich. Sie hielt Ausschau nach Wohnungsangeboten, rief bei den Vermietern an und verschaffte mir eine neue Bleibe. Sie sorgte sogar dafür, dass ich eine kleine Einkommensquelle hatte und so etwas dazuverdiente.

Am Tag, bevor ich in die Wohnung am Stadtrand zog, griff mich Krzysztof auf, schlug mich grün und blau und drohte mir: „Wehe, du machst den Mund auf! Du hast nichts gehört und nichts gesehen! Ich habe mir ein Alibi beschafft!"

Schau an! Der Arsch hatte ein Alibi! Warum wunderte mich das nicht?

Für Krzysztof stand viel auf dem Spiel!

Weil ich Medikamente nehmen musste, hatte ich kaum noch Haare auf dem Kopf, was man an den Bildern aus der Zeit gut sehen kann.

Als Farbwunder – von Kopf bis Fuß übersät mit Hämatomen – lebte ich weiter. Das war eine verdammt harte Zeit!

Die Leute musterten mich, statt zu fragen oder mich direkt anzusprechen, und das war nicht prickelnd. Auch kamen dumme Sprüche wie: „Schau dir mal die Pennerin da an!"

So etwas kann man sich nicht vorstellen, wenn man es nicht selbst erlebt hat. Für mich als Frau war es der Horror auf Erden. Heute ziehe ich den Hut vor mir selbst, dass ich in dieser Situation noch den Kampfgeist behielt und nicht die Flinte ins Korn warf.

Ja, so bin ich eben – eine Kämpfernatur! Klar ließ ich das ein oder andere Mal den Kopf hängen, denn ich sah keinen Sinn mehr in meinem Leben. Was mich während der Zeit aufrecht hielt, waren die Gedanken an meine Kinder.

Ja, meine Kinder waren der Strohhalm, der mir das Überleben sicherte. Das klingt vielleicht nach gar nicht viel, aber es ist doch verständlich, dass Kinder das größte Glück sind, das ein Mensch nur haben kann!

Wie ging es nun weiter?

Ein Ossi, der schwarz für den Chef in der Werkstatt gearbeitet und ihm beim Umbau und der Renovierung des Hauses geholfen hatte, half nun auch mir. Er schleppte die wenigen Möbel, die noch immer im Keller der Werkstatt standen und vor Adrian geschützt worden waren, ebenso wie meine Sachen in seinen Bulli und fuhr mich zu meiner neuen Wohnung. Dort hatte ich erst einmal Ruhe – bis ich eines Abends Krzysztofs Auto hörte. Da ich gelernt hatte, Motorengeräusche zu deuten, und die Fahrzeuge, mit denen wir gefahren waren, genau kannte, wusste ich, wer dort vor dem Haus herumfuhr.

Mir war klar, dass ich wieder unter Beobachtung stand und dass es nicht lange gut gehen würde.

Meine Vermieter waren nette Leute. Sie halfen, wo sie konnten, und kamen mir mit den Mietzahlungen entgegen. Ich durfte die Miete gestaffelt zahlen, zwei

Raten im Monat. Das war schon praktisch und half mir ungemein. Sie unterstützten mich auch bei der Arbeitssuche und gaben mir den Hinweis mit dem Hotel oben auf dem Berg. Dort wurde ein Zimmermädchen gesucht.

Ich ging dem Hinweis nach, fand dort Arbeit – bis heute habe ich nicht meinen vollen Lohn bekommen – und lebte mein Leben dennoch, irgendwie.

Durch den seltenen Kontakt zu Inge und meiner zugleich großen Angst vor Krzysztof sah ich nicht die Lüge in der angeblichen Hilfestellung meiner Mutter, die da sagte: „Wenn du ein Sofa gefunden hast, dann lass die Rechnung von achtzig Euro zu mir kommen!" Ich fuhr mit meinen Vermietern zu einem Gebrauchtwarenladen und fand ein Sofa. Die Kassiererin telefonierte mit Inge und diese gab ihren Namen und ihre Anschrift an, damit wir das Sofa mitnehmen konnten. Ich bestätigte lediglich, dass ich das Möbelstück im Auftrag gekauft und abgeholt hatte. Zudem bestellte Inge mir online ein Bett, welches ich in Raten abbezahlen sollte. Ich zahlte jeden Monat neunzig Euro und auf die Matratzen warte ich heute noch. In all dem Chaos kam ich nicht auf die Idee, dass meine Mutter mir nur wieder einen Strick drehte.

Mir hätte bewusst sein müssen, dass diese Frau nichts Gutes im Schilde führte. Ihr Geheule jedoch klang glaubhaft: „Ich helfe dir, und dann musst du schnell deine Kinder zu dir holen!"

Ich war wirklich davon überzeugt, dass sich Menschen ändern konnten, aber wieder einmal wurde ich eines Besseren belehrt. Inge bestellte, ich zahlte an sie, und sie behauptete, dass sie nie etwas bestellt habe, sondern dass ich die Betrügerin sei, die auf ihren Namen – denn auf einen falschen Namen würde sie niemals etwas bestellen! – Geschäfte getätigt habe.

Ich arbeitete morgens von halb sieben an. Der Fußweg hinauf zum Hotel dauerte eine gute halbe bis dreiviertel Stunde. Ein Fahrrad oder Auto hatte ich nicht und ich hasste den Fußmarsch. Bei Bedarf half ich in der Küche als Spülhilfe aus. So kam ich auf Stunden, und das war gut. Viele Gäste hinterließen ein ansehnliches Trinkgeld. Das Arbeitsklima war – naja, es ging so.

Ich lernte aber, wieder fröhlicher zu werden, chattete auf einer erotischen Plattform und lernte in einem Chat den Muenstermann kennen, wie in dem ersten Band dieser Reihe – *„Nicole, wir hassen Dich!"* – nachzulesen ist. Endlich blühte ich wieder auf. Dieser Mann holte mich aus dem ganzen Stress und all dem Theater heraus – bis heute!

Mir war bewusst, dass sich noch Ärger in Form von Bußgeldern ankündigen würde, weil ich jahrelang keine Adresse als Meldeanschrift angegeben hatte, doch bisher – und wir haben das Jahr 2017 – blieb mir diesbezüglich jeglicher Stress erspart.

Man versuchte, mir an x alte Adressen, bei denen ich inzwischen längst abgemeldet war, Post zuzustellen. Wie Gerichte auf so eine Schnapsidee kommen, ist mir unbegreiflich.

Nach immerhin fast drei Jahren, in denen mein Anwalt versucht hat, Akteneinsicht zu erhalten, ist lediglich bruchstückhaft herausgekommen, dass die Akten gegen die Polen geschlossen und die Verfahren eingestellt wurden, weil es zu viele widersprüchliche Angaben zum Nachteil der Polen gab. Vieles wurde gar nicht, wie von den Herrschaften angekündigt, zur Anzeige gebracht, weshalb keine weitere Verfahren zur Debatte standen. Die Verfahren wegen Betruges, mit denen ich sowieso nichts zu tun hatte, wurden geschlossen.

Eine Akte allerdings ist nach wie vor offen, was auf Sturheit zurückzuführen ist. Das Gericht mag diese Akte nicht schließen, weil man dort nach einem Prinzipienverfahren entscheidet. Die Dame, die den Fall bearbeitet, teilte mit, dass es ihr herzlich egal sei, ob Menschen sich ändern oder nicht. Ob Reue anderweitig gezeigt werden könne oder nicht. Sie beharrt darauf, mich hinter Gittern zu sehen. Wir reden hier über sechs Monate, die schon lange erledigt sein könnten, wenn man uns Akteneinsicht gewähren würde. Doch die wird uns nach wie vor verweigert. Man teilte uns mit, dass von deren Seite nie Fehler geschehen. Bewiesen haben aber Gerichte, Staatsanwaltschaften und Behörden, dass sie sehr wohl Fehler machen. Aber dazu stehen wollten sie nicht. Den anderen Haft- und Vollstreckungsbefehl versuchte man trotz seiner Einstellung zwei Jahre lang zu vollziehen. Da versteh mal einer die Welt. Erst später kam nach mehrfachen Anfragen die schriftliche Bestätigung, dass die Sache seit zwei Jahren erledigt sei. Aber niemals würden sie Fehler machen ...

Mein Anwalt und ich sitzen daran, aber wir bekommen keine Antworten und erhalten keine Einsicht in die eine – wohlgemerkt noch eine – Akte. Und das bisschen, was bisher kam, gibt nur wieder, was die Justiz und die Behörden gemacht haben – eine einzige Lachnummer. Es ist mittlerweile davon auszugehen, dass auch diese Akte längst geschlossen ist. Aber solange der Haftbefehl nicht zurückgezogen und uns keine Akteneinsicht gewährt wird, werden wir nichts machen können.

Statt uns die Akten einsehen zu lassen, schicken die lieber regelmäßig die Kripo bzw. die Schutzpolizei, um mich mitzunehmen. Absoluter Wahnsinn. Tatsächlich war die Kripo einige Male da. Mein Lebensgefährte hätte sie sogar in die Wohnung gelassen, aber das wollten die Beamten nicht.

Auch geriet ich in all den Jahren mehrfach in Personenkontrollen, in denen ich Ausweis und Führerschein vorlegen musste, die sogar abgefragt wurden, aber nie hat man mich an Ort und Stelle festgenommen, obwohl ja ein Haftbefehl vorliegt.

Was ist nur los? Warum ermitteln Justiz, Polizei und Kripo nicht vernünftig, sondern nur einseitig?

* * *

Liebe Leserinnen und Leser, viele Akten wurden geschlossen und sind erledigt.

Rudi der Strafvollzugsgänger: Hier gab es weder eine Akte noch, wie angekündigt, ein Verfahren. Alles sehr kurios.

Das Einzige, was noch an Akten auf dem Tisch liegt, ist die Vollstreckung der Bewährung, gegen die ich angehe, damit diese wieder zur Bewährung ausgesetzt wird.

Ob ich es geschafft habe? Wie das alles gelaufen ist und was dann passierte, erfahren Sie in meinem neuen Buch. Und glauben Sie mir, es wird richtig spannend.

Zum Schluss ...

Warum ließ diese Frau das mit sich machen? Warum lässt Nicole sich eine solche Folter zwei Mal hintereinander gefallen?

Ob Nicole endlich ein besseres Leben führt? Schaffte sie den endgültigen Absprung? Kam es je zu einer Anklage? Traf sie Rudi noch mal wieder?

Es bleibt spannend?

Hat Ihnen das Buch: *„Nicole, der brutale Strafvollzugsgänger & die Polen“* gefallen?

Ich würde mich freuen, wenn Sie es verschenken und anderen Menschen, die Ähnliches durchgemacht haben oder heute noch durchmachen, mit diesem Buch Mut machen und ihnen zeigen, dass es sich immer lohnt, weiterzuleben und zu kämpfen – egal wie schwer das ist!

Besuchen Sie mich doch auf der Internetseite:

www.Jakobs-Verlag.de

Ich freue mich auf Sie!